Domestic Violence
Child Abuse

DVと虐待

「家族の暴力」に援助者ができること

信田さよ子
原宿カウンセリングセンター所長

医学書院

◉著者紹介
信田さよ子（のぶた・さよこ）
1946 年 岐阜県生まれ。
1969 年 お茶の水女子大学文学部哲学科卒業。
1973 年 お茶の水女子大学大学院修士課程終了（児童学専攻）。
駒木野病院勤務，嗜癖問題臨床研究所（CIAP）付属原宿相談室長を経て，1995 年 12 月に原宿カウンセリングセンターを開設，所長として現在にいたる。臨床心理士。
［著書］
『アディクションアプローチ』医学書院，『子どもの虐待防止最前線』大月書店，『加害者は変われるか』筑摩書房，『母が重くてたまらない』春秋社，『依存症臨床論』青土社，『アディクション臨床入門』金剛出版，『カウンセラーは何を見ているか』医学書院，『性なる家族』春秋社，『家族と国家は共謀する』角川新書，ほか多数。
［共訳書］
C. ブラック『わたしは親のようにならない』誠信書房，S. ミラー『飲酒問題とその解決』金剛出版，A. ジェンキンス『加害者臨床の可能性』日本評論社，ほか。

DVと虐待――「家族の暴力」に援助者ができること
発　行　2002 年 3 月 15 日　第 1 版第 1 刷©
　　　　2021 年 8 月 1 日　第 1 版第 5 刷
著　者　信田（のぶた）さよ子（こ）
発行者　株式会社　医学書院
　　　　代表取締役　金原　俊
　　　　〒113-8719　東京都文京区本郷 1-28-23
　　　　電話　03-3817-5600（社内案内）
印刷・製本　三美印刷

ISBN 978-4-260-33183-8

家族については多くのひとたちが飽きるくらい語ってきた。しかしこれまで，本書の題名にあるように，「家族」と「暴力」を同じ文脈で語る時代があっただろうか。

暴力とは警察や裁判所，つまり司法の世界の問題であった。市民社会において暴力は犯罪であり，法律で禁じられてきた。かたや家族は私的領域，親密圏であり，安らぎの場とされてきた。法律によって裁かれることとは無縁な世界であり，そこで起きる問題を解く鍵は暴力とは正反対の「愛情」である。

このように対極に位置すると思われてきた「家族」と「暴力」がひとつながりの文脈で語られる――これはやはり前代未聞のことなのである。

わたしは1999年に同じ医学書院から『アディクションアプローチ』を出版し，アルコール依存症の治療から導き出された新たな家族援助論の提唱をおこなった。最大の主張は，家族はパワーゲームに満ちているというものだった。つまり，支配と権力に満ちているのが家族であるという主張である。

それから約3年が経った。この3年間に起きたのは，まさにそれを実証するかのような事件の数々である。親に殺される子どもたち，夫から殴られつづけて助けを求めて逃げ出す妻たち……。

そのような現実に対して，司法の側からはいち早く法律が制定，施行された。そして援助者の側からも，まるで流れに乗り遅れまいとするかのように多くの専門書が出版された。

それらはしかし，先進国としてのアメリカからの単なる輸入ものにすぎないと思われるものが多い。そのなかに，「家族」と「暴力」を矛盾なく包含するような基礎理論が存在しているだろうか。理論から導かれる具体的方法論があっただろうか。そして，そのことに対し，わが国の援助者はあまりに鈍感ではないだろうか。

現実の流れに乗ってしまうのではなく，輸入ものを無前提に取り入れるのでもなく，わが国の現状に立脚した基礎理論と方法論を構築する努力をするべきだとわたしは思う。それを大学の研究者に任せてアカデミズムという権威にすがるのではなく，現場で家族の暴力にかかわる援助者こそが努力をするべきだろう。

本書はそのような試みのひとつである。

わたしは本書ではあえて，従来別々に置かれることの多かった児童虐待とドメスティック・バイオレンスを並列させて論じることにした。それは冒険ともいえる試みだ。しかし，この二つを「家族の暴力」として統一的に論じることなしには，「家族と暴力を包含する援助論」を構築するというわたしの意図を表現することはできない。

それは机上の空論ではない。なによりもまず「介入」という，援助者にとっては必要とされながらも実にきわどい問題について実践例をまじえて述べることにする。そして類書のどれもがおそらく触れていない「当事者性」の問題について，わたしの経験にもとづいて具体的に述べてみよう。

前書に続いて，本書も引用参考文献の少ない本である。わたしにとってなによりの参考書は，わたし自身のカウンセリングを通した臨床経験である。ということはクライエント，つまりわたしが援助した人たちこそが本書に最大のヒントを与えてくれたことになろう。

本書は援助者だけではなく，「家族の暴力」に関心のある一般の人が読んでもおもしろいのではないだろうか。なぜなら暴力といういわば極限の視点からみることで，家族の輪郭はよりいっそう明瞭になるだろうからである。そして家族への新たな提言の可能性もそこから生まれると思うからである。

DVと虐待

「家族の暴力」に援助者ができること

目次

家族の暴力 I

前提❶

「家庭内暴力」

◎思春期の対親暴力がなぜ「家庭内暴力」と呼ばれたのか

近年，家族内の暴力が注目されてきている。そのなかでもわたしたちの関心をいちばん引き，マスコミでもしばしば取り上げられるのが児童虐待であろう。

幼い子どもが実の親によって殺されるという事実は事件としてもショッキングであり，ここ数年はテレビのワイドショーの格好のテーマとなっている。殺された子の愛らしい写真，遊んでいた三輪車などが，見る者にいっそうのインパクトを与える。

しかし「家族の中の暴力」として児童虐待が注目されるようになった歴史は，それほど古いものではない。わが国ではせいぜいここ5年くらいのものでしかない。それまでの「家庭内暴力」とは，思春期の青年による親への暴力のことを指していたのである。

思春期の対親暴力は1960年代後半から少しずつ表面化しはじめ，マスコミを騒がせたいくつかの事件によって人びとに共有されるようになり，家族の中の暴力の代表としてとらえられてきた。そしてそれらの事件の多くは，暴力をふるう子どもを親が殺害して幕を閉じたにもかかわらず，むしろ「親の悲劇」として扱われた。

開成高校生の息子を父親が殺した事件(1972年)，浦和の高校教師の両親が息子を殺した事件(1992年)，文京区の父親が金属バットで息子を殺した事件(1996年)，成田市近郊の両親による息子殺人(2000年)など，ざっと振り返ってもこれだけのものがあげられる。

これらが「家庭内暴力」などという，いかにも代表めいた命名がなされたのは，それ以外には「家族の中に暴力は存在しない」と考えられていたということである。

◎許されない暴力だから問題化された

ではこれが最初に表面化したのはなぜだろう。それはおそらく，暴力が誰から誰に向けられたのかということに関係している。つまり「子から親へ」という暴力であったからこそ，最初に“問題”として表面化したのだ。

逆の場合，「親から子へ」の暴力はまだその当時表面化していなかった。親が子を殴る，吊るす，などという行為はめずらしくなかったが，それらには「しつけ」「折檻(せっかん)」「愛のムチ」という名前が与えられて正当化されていた。

いっぽう子から親への暴力は許されないものであった。権力者への暴力は，反乱であり下克上である。それは正当化されようもなく，「暴力」と名付けられるしかなかった。

「家庭内暴力」の多くが，先にあげた事件のように親が子どもの命を奪うことで決着がつけられたという事実も象徴的である。反乱は鎮圧され，マスコミなどの世論はそれに与(くみ)した。殺人とすらそれは呼ばれなかった。そして暴力をふるう子どもたちは逸脱者としてラベリングされ，その多くは病気として精神病院に入院させられたのだった(2000年，佐賀県の少年によるバスジャック事件はその好例である)。

そのような権力構造は，後に述べるように親子観にまつわる幻想によって見えなくさせられており，さらに堅固な常識によっても守られている。当時もそして今も，家族の中にそれ以外の暴力は存在しなかったのではない。正当性を保証される別の名前を与えられ，隠蔽されていただけなのだ。

前提❷

児童虐待

◎アルコール問題は必ず暴力に行き当たる

思春期の対親暴力，つまり「家庭内暴力」が話題にのぼるようになってから約30年が過ぎた。しかし大きな変動がおこったのは1990年代に入ってからだ。

1992年に民間団体として「児童虐待防止センター」が設立された。これは，当時東京都の世田谷区周辺でアルコール依存症の治療にかかわっていた人たちが立ち上げたものである。なぜ，アルコール問題にかかわっていた人たちだったのだろう。

アルコール依存症の治療や援助にかかわっている人たちは，必ず暴力の問題にどこかで行き当たる。酔った男性(父，夫)はしばしば妻や子どもを殴ったり蹴ったりするからだ。

前著『アディクションアプローチ』(医学書院，1999年)でも述べたように，アルコール依存症にかかわるということは，飲んでいる本人ではなく，周囲で困っている家族を最初の対象としてかかわることが要求される。アディクションアプローチの基本は，「本人より家族を」にあるといっても過言ではない。酔った本人より，周囲の家族のほうがはるかに困り，傷ついているのだ。

酔った本人の多くは，暴力をふるったことを覚えていなかったり，「周囲が俺の言うことを聞かないからだ」とそれを正当化さえする。そしてなにより，自分がアルコール依存症であることを認めようとしない。

◎妻たちの訴え

夫のアルコールで困る妻たちは，同時に，酔った夫からの暴力で困っていた。その悲惨さは想像を絶するものだった。彼女たちは「夫の酒をなんとかやめさせたい」と訴えるのだが，その理由のひとつが酔うと必ず暴力をふるうという点であった。「今日，家に帰ったら必ず殴られるんです」と訴える妻もいた。

アルコール依存症の自助グループである断酒会の席で，あるいは保健所における酒害相談の場で，何十人何百人という妻たちから，酔った夫の暴力について聞かされた。子どもを連れて雪の中を裸足で逃げた話，トイレに隠れたのにドアを蹴破られて髪を引きずり回された話，家中の陶器やガラス類をすべて叩き割られた話……。

おそらく今でも彼らは，家族に対してこれに類した行為をおこなっているのではないかと思う。

当時(20年以上前)は避難場所はほとんどなく，“シェルター”とは核シェルターのことを指しているだけだった。「ホテルをなんとか探して泊まってみましょう」と，ビジネスホテルを探したりすることが精一杯だったことを思い出す。もちろんDVなどという言葉すらなかった。

1970年代に「家庭内暴力」がさきがけとして浮上したことはすでに述べた。じかしアルコール依存症の援助者たちは，それ以外にも家族の中に暴力が満ちていることを知っていた数少ない存在だったのかもしれない。わたし自身が1970年代から家族の中の暴力にかかわることができたのも，アルコール依存症の治療に携わっていたからこそである。

しかしそれらは暴力と呼ばれず，アルコール依存症という疾病の「症状」としてとらえられていた。わたしも，そうとらえていたひとりであったことは間違いない。1990年代に入るまで，家族の中の暴力は唯一アルコール依存症という窓口を通して援助の対象になりえたということができるだろう。それも暴力として単独で名付けられるのではなく，疾病として，いわば医療モデルに還元されるかたちをとりつつ，おずおずと援助者たちの眼の前に立ちあらわれたのだ。

◎発見された子どもたち

さて，そのようなアルコール依存症の両親の華々しいドラマの影にいて忘れられがちだったのが，そこで育つしかない子どもたちだった。暴力沙汰を日常的に見せつけられ，ときには殴られ，ときには食事すら満足に与えられず，そんな劣悪な環境に子どもたちは置かれていたのだった。

しかし残念ながら，というか残酷なことに，われわれ援助者は，そのようにすさまじい暴力をふるう夫をどうしようか，ということだけに汲々としていたのだ。そばで血を流してうずくまる妻にやっと眼が向けられるようになったのは1980年代に入ってからなのである。

そして正直に告白すれば，その2人のあいだにもうけられた子どもに対しては，ほとんど関心をもつ余裕もなかった。いや，もとうとしなかったと言ったほうが正しいだろう。脅えて，おとなしく，母の言うがままに逃げまどったり，母を守る子どもたち――。その子どもたちに援助者の眼が向けられたのは1990年代に入ってからだった。

先に述べた児童虐待防止センターは，このようなアルコール家族の子どもたちを見るにつけ，なんとか救う手立てはないものかという思いで立ち上げられたのである。それは，わが国に「アダルトチルドレン」(AC)という言葉がアメリカから伝えられた翌年であった。

◎「アダルトチルドレン」という言葉が亀裂を入れた

1990年初頭から始まった草の根的な児童虐待防止の運動だったが，児童虐待という言葉が一般的になり，社会的認知を得るようになったのは1995年からだろう。それは上に述べたアダルトチルドレンという言葉の広がりと大きく関係する。

この言葉はAdult Children of Alcoholicsの略で，アルコール依存症の家族にかかわる援助者から生み出されたものである。「現在の自分の生きづらさが親との関係に起因すると認めた人」と定義される。

この言葉は，当時から広がりを見せていたインターネットの世界で爆発的に受け入れられた。それは，自分が親から受けた行為に対して，はっきりと「虐待」と名付けることを許したはじめての言葉だった。ネット上で「自分はACである」と自覚した人たちがみずからの経験をはじめて語り，同じような人たちとの交流が生まれた。

わたしも『アダルトチルドレン完全理解』(三五館，1996年→『アダルトチルドレンという物語』文春文庫，2000年)を出版し，それを読んでカウンセリングに訪れた人たちの語る言葉に耳を傾けつづけてきた。約200人にものぼるだろう。その過程で，従来の家族観，親子関係への思い込みが音を立てて崩れる思いがした。それらは予想をはるかに超える内容であった。親がいったい家族の中で，他者の視線が遮断された中で，子どもに対してどんなことをしているのか，どんな言葉をぶつけているのか……

と。

「親のせいにするのは自立を損ねる」「甘えだ」などの数々の批判を受けながらも，この言葉が広がることで，多くの人たちが当たり前と思っていた従来の家族観，親子観が少しずつ崩されていった。それはまず，われわれのようなアルコール問題，アディクションにかかわる援助者から，次に子どもを援助の対象とする現場にいる人たちへ，そしてACという言葉を知った一般の人びとへと，まるで将棋倒しのように連鎖していった。

いうなれば，疑うべくもない「親子愛」「家族愛」についての堅固な常識に少しずつ亀裂が入りはじめたといえるだろう。その亀裂を縫って一気に浮上してきたのが，「児童虐待」だった。

◎児童虐待というムーブメント

これは人びとを震撼させるに十分な事実だった。親子という関係，なかでも母の愛とはこれまでは絶対であると思い込まれていた。何はなくとも母の愛だけは疑われることはなかった。戦争で死ぬ若者は「おかあさん」と叫んで死んでいったという。それが何の疑問ももたれないどころか涙を誘うほど，「母の愛」は確かなものだったのだろう。

ところがマスコミによって流されるのは，実の母に捨てられ餓死した子どもや，ビニール袋に入れて捨てられたりする子どものニュースなのだ。この信じられないような事実がもたらすインパクトは計り知れないものがあった。なにしろ絶対と思われていたものがテレビの画面ではいとも簡単に壊れてしまっているのだから。テレビ報道は，視聴率の獲得が至上命題である。まさに児童虐待は格好の衝撃的素材だった。

「こんなことを許してはいけない」「母親はどうして子どもを愛せない

のか」「なんとか防げないものか」――このようなテレビ画面のキャッチコピーに見られるように，1995年以降の虐待についての一般からの関心の高まりは，テレビ報道に負うところが多いことは否めない。それは，ついには「うねり」「ムーブメント」といえるところまで行き着いたかに見える。

◎喚起されるヒューマニズム

では，どのような理由によってこのうねりが高まったのだろう。推測だが，そこには「ヒューマニズムに対する飢餓感」があったのだろうと思う。

ほとんど涙を流さんばかりに虐待の報道をするキャスターの姿を何度もテレビで目にした。「この子はいったい何のために生まれてきたんでしょうね……」と隣の女性キャスターも声を震わせる。

このような万人の共感を呼ぶテーマがほかにあるだろうか。

政治・経済のニュースがリアリティをもたず，暗いニュースが多いなかで，幼い子どもがやせ衰えて，骨折のあとが何箇所も見つかるなどというニュースは，悲惨の極致にみえて実は「救い」なのである。殺された子どもが無力であればあるほど救済度は高まる。虐待死のニュースを見ながら思わず涙する自分に，人びとは安心させられる。怒りを感じる自分に気づかされ，どこかうっとりしさえするのだ。

「わたしにもこのような人間としての感情があったのだ」

「わたしにもこのような怒りの感情が残っていたのだ」と。

それは忘れかけていたヒューマニズムという言葉を不意に思い出させてくれる。このうえなく無力で小さな存在が命を奪われた光景を画面のこちら側の茶の間で見ることで，多くの人びとのヒューマニズムは喚起され，「自分もまだ捨てたものじゃない」と感じることができるのだ。

人びとは怒りを向けられる対象に飢えている。そして「これは間違っている」と断定し正義を行使する対象にも飢えている。そのような人びとにとって児童虐待は，久々に怒りを向け，正義の人になれる，またとないチャンスだ。親から殺された子どもたちはその悲惨さ，無力さゆえに，逆に社会の人びとに対して反転したパワーと救済を行使するのである。

前提③

ドメスティック・バイオレンス

◎なぜ盛り上がらないのか

児童虐待が注目される一方で，家族内のもうひとつの暴力である「夫から妻への暴力」，つまりドメスティック・バイオレンスも浮上した。

近年わが国において，ドメスティック・バイオレンスを字義どおり「家庭内暴力」(**Domestic Violence**)と訳す本が増えているが，いかがなものだろう。ここまで述べてきたように，なぜ思春期の対親暴力が「家庭内暴力」と呼ばれてきたかは，家族の中の暴力を語るときに避けて通れないものであるはずだ。その歴史的意味を無視してしまっていいのだろうか。そう考えて本書では，思春期の対親暴力を「家庭内暴力」と呼び，ドメスティック・バイオレンスはそのままDVと略して表記することとする。

さて，そのDVの防止については，「配偶者からの暴力の防止及び被害者の保護に関する法律」(**DV**防止法)として2001年10月に施行されたが，テレビの報道や新聞紙面を見ても，児童虐待ほどには大きなうねりが見られないように思われる。どうしてだろうか。

すでにお気づきかもしれないが，子どもの虐待についてマスコミは奇妙にも，父親による虐待であっても，そばにいて何もしなかった母親を責めたりする。また義父による虐待では，再婚した母を責めたりする。

いっぽうDVはどうだろう。被害者は「両性の合意」のうえで「みずから選択して」結婚した妻なのである。そして無力な子どもではなく，成人したおとなの女性なのである。しかも子どもの虐待と異なり，めったに被害者は死亡しない。したがって事件として浮上はしないのだ。

たとえ事件になったとしても，多くは「男女のいさかい」「夫婦のいさかい」として扱われることがほとんどだろう。法の施行後，ひょっとして虐待死ならぬ「DV死」という文字がマスコミに登場するのだろうか。わたしはそれについてはいささか悲観的である。本人(被害者)にも責任があるのではないかという論調が必ず出てくるだろうからだ。これは，無力な子どもの死との大きな違いである。

そしてもうひとつは，これがいちばん大きな理由なのだが，DVは実質的に「男による女への暴力」だからだ。これはすり替えようがない。

◎ヒューマニズム対フェミニズム

近年，とくにDV防止法の施行以後，地方自治体において女性センターをはじめとしたDV対策事業の充実が叫ばれている。ときにはそれが自治体のひとつの売り物にすらなっているようだ。望ましいことであり，10年前には想像すらできなかったことである。できればこれが一時的なものとして終らないことを祈ろう。

さて，東京都をはじめとする地方自治体の調査によれば，驚くほど多くの女性が夫からの暴力を受けていることがここ数年で明らかになった。2000年に東京の青山ウィメンズプラザで開催された全国シェルターネットの大会では，2,500人の参加者を数えるまでになった。

新聞の紙面での扱いにも少しずつ変化がおきようとしている。夫からの暴力はこれまで婦人家庭欄でしか扱われなかったのが，社会面，ときには一面にも登場するようになった。これには「虐待ブーム」のうねりの余波もあるだろう。つまり家族という密室の蓋が児童虐待によって開けられたが，実は家族に満ちていたのは夫から妻への暴力だったということだ。

しかしDVは男性から女性への暴力であるがゆえに，万人の共感を呼ぶというわけにはいかない。男性自身のDVに対する姿勢は，はっきりとした拒絶反応から，どことなく居心地の悪さを感じつつ側面的に共感する人まで種々雑多である。

アメリカでもDVの問題に主体的に取り組んできた圧倒的多数はフェミニストたちだった。そしてつい最近まで児童虐待に取り組む人たちとは一線を画し，その運動は独自の経過を示してきた。その違いはおそらくヒューマニズムとフェミニズムの対立，「家族擁護」対「家族解体」という構図だったのではないだろうか。

◎そのとき男はどうする

現在の日本の社会は「男女共同参画社会を目指して」とあえて謳わなければならない現実に満ちている。つまり共同参画がいまだに実現されてはいないのだ。圧倒的多数の企業経営者は男性であり，国会議員ですら女性議員の数がカッコ内に加えられるほどの少数でしかない。「男性中心社会」という手垢にまみれた言葉でしか表現できないことが，わたしにとっては実に口惜しい。でもやはりそう言うしかない現状だ。

その現状において，DVとは正面から男性の支配性・暴力性・加害性を問う問題なのだ。男性自身が自分をみつめることを強いられる問題だ。児童虐待では母親を責めるという逃げ道があるが，DV は男性にとってまったく逃げ道がない。

これを多くの男性はどのように受け止めるだろうか。

「殴る男はヘンだ」「やっぱり人格障害なんでしょう」「自分は決して女性を殴らない」といった反応をするのだろうか。虐待する母たちが，圧倒的多数の女性たちから「母親失格！」と罵られるのと同じなのだろうか。一部の殴る男を病理化し逸脱視して，自分たちは「正常な男」を守ろうとするのだろうか。

わたし自身は決してそうあってほしくはないと思う。虐待する母たちがわたしたちと同じ地平に立ち，わたしたちと地続きであると考える必要があるように，殴る男たちもごく一般のネクタイを締めたふつうのサラリーマンと地続きである，と男性たちにとらえてもらいたいと心から願う。

◎名付けにまつわる権力性

本書の冒頭に述べたように，家族の中で強い者から弱い者への暴力は，たとえば「しつけ」という名で正当化されてきた。夫婦間暴力はどうだろう。

「夫婦げんかは犬も食わない」「イヤヨイヤヨも好きのうち」「女房ひとり殴れなくておまえは男か！」――数え上げれば切りのない格言や諺(ことわざ)が，男性(強者)の暴力を正当化する道具として用いられてきた。もちろん「暴力」という言葉すらその行為に対してつかわれることはなかった。

ところが妻が夫を殴って傷を負わせれば，「暴力妻，夫に重傷を負わせる！」とワイドショーでテロップが流れるだろう。わたしの経験でも，DV の講演会に行くとしばしば中年男性から「逆の場合，つまり女房が亭主を殴るのはどうなんですか！」と抗議を受ける。ごく一部の例外を取り出し出鼻をくじこうという低劣な発言である。

この名付けにまつわる権力性の問題は，実は，虐待や DV など家族内暴力にかかわっていくときの基本的認識の問題なのである。

繰り返すが，家族の中で，虐待が急激におきはじめたなどというわけがない。急激に夫が妻を殴りはじめたというわけでもない。「暴力」と名付けられず，常識という世界の中に，「しつけ」「体罰」といった美しい名前で位置づけられていただけだ。

◎いたずらから「性的犯罪」へ，夫婦げんかから「DV」へ

しかしどう美化してもどう正当化しても，そこに位置づけられない暴力的行為そのものは残る。そのような場合に用いられてきた方法が，加害者を子ども扱いすることである。そして笑いとともに免罪する。「いたずら」「チカン」などという名前とともに。

家族の中でも，父親の性的言動に娘が「パパったらいやね！」と笑って反論する。電車で痴漢にあった女性は，笑いとともにその体験を語る。

よくよく考えてみれば深く傷つくようなことなのに，なぜ笑うのだろうか。それがどうしようもないことだとわかっているからこそ，われわれ女性はあえて笑い飛ばして“なんでもなかった”ことにして忘れ去ろうとしてきたのだ。そういうことを男性はわかっているのだろうか。

「いたずら」「チカン」などという命名は，被害者を救う言葉などでは決してなく，加害者を擁護し免罪するための言葉だ。このことははっきりさせておかなくてはならない。しかし，これらが現在では「性的犯

罪」と命名されるようになった。従来被害者の側(女性)の経験がまったく考慮されてこなかったのだが，ここにきてはじめて法的に被害者を守ることが明記されるようになったといえる。

いたずらから「性的犯罪」へ，夫婦げんかから「DV」へと，新たな名前が付けられるようになった。そして，被害者側からの発言が受け入れられるようになってはじめて「暴力」として認知されるようになったのだ。

◎なぜわれわれには暴力が見えなかったのか

なぜこのような視点が，今まで共有されてこなかったのだろうか。実はわれわれ援助者自身も，そのような行為を暴力として認知できず，それを美化したり免責してきた多くの人びとの一員だったことを自覚しなくてはならない。つまり，力の強い者に荷担する言葉に，われわれ自身もすっかり同化していたことを認識しなくてはならない。

それらの言葉は「ドミナントな言説」と呼ばれている(M・ホワイト&D・エプストン／小森康永訳『物語としての家族』金剛出版，1992)。dominantとは支配的とも訳せるが，「圧倒的な」「優位な」ともいえるだろう。圧倒的であればあるほどまるで空気のようなものだ。別名それを「常識」という。

われわれが日々たたき込まれてきた常識が「家族の愛」を信じ込ませ，「男が女を殴るのも愛だ」と信じ込まされてきたのだ。ということは，常識とは誰を守ってきたことになるのだろう。ここまで読んでこられた方々にはおわかりになっていただけるだろう。常識とは強者を守ってきたのだ。この点を抜きにしてDV・虐待は考えられない。

わたしたちも骨の髄まで，まるで空気のようにこれまでの常識に染め上げられていること，そのことを深く自覚しなければ，そこから脱することもできないだろう。男性の，そして親の暴力を見えなくさせてきた常識，さらにその常識を支えてきた装置や仕組みまでを問わなければ，たんなる空疎なプロパガンダに終わってしまう。

その反省がなければ，テレビのワイドショーのお涙頂戴番組となんら変わることはない。そしてヒューマニズム豊かな自分を正当化するために，虐待者を弾劾する側に回るだろう。人でなしの親を糾弾する側に回るだろう。

そうなってはいけないとわたしは思う。「家族の中の暴力」の問題の一環としてDV・虐待をとらえることの意味はそこにある。そのような作業なくして，一種の流行のようにDVと虐待にかかわることは危険ですらある。それは，一部の特殊な人にのみDVと虐待が出現すると考えるのか，われわれがごく日常的に暮らしている同じ地平の上に暴力が出現すると考えるのかの違いである。

エピソードに見る被害者 II
当事者性とはなんだろうか

*

わたしは長年，依存症（アディクション）という視点から，そして家族という窓口から暴力をとらえてきた。

しかし，そこにはひとつの謎があった。どう考えても謎としかいいようのない事実であった。

——なぜ殴られている人は，自分が殴られていると思わないのか。
——なぜ虐待された子は，親を慕いつづけるのか。
——なぜ殴られた妻は，夫のもとにすぐ戻りたがるのか。

それらを「当事者性の不在」と本書では呼ぶことにする。加害者・被害者が，ともに自分たちをそのように認識していないのだ。DV の被害者は「愛されている」とすら思っている。

本章では，この謎を事例とともに解いていこうと思う。

★事例とは――わたしの立場

おそらく本書を読まれる人たちは，理論的な説明・解説よりも事例を読むほうがおもしろいと感じられるのではないだろうか。

事例とは事実の羅列ではなく，客観化しつくせないものであり，したがって物語（ストーリー）である。では，それを物語として形成したのは誰か。ほかでもないこのわたしである。

わたしの描く事例は，わたしとクライエントとの相互交流，かかわりから生まれている。その物語は，クライエント自身の「自分の物語」と異なっているだろう。いや，異なっていることを前提としなければならない。わたしが事例化した物語を正しいと思うことは，クライエントの物語を奪うことになるからである。

わたしは，いかにも客観的姿勢をよそおった無味乾燥な事例の記述などまったく読む気がおきない。おそらくそれは，事例を記述している人と事例化された人とのかかわりや関与の仕方が，そのままそこに表われてしまっているからだろう。

本書で紹介した事例は「実例」ではなく，多くの，暴力被害を受けて来所した女性たちや，そこにかかわった援助職から聞かされたことをわたしが物語化したものである。では，それはねつ造なのだろうか。フィクションなのだろうか。

本書を一貫して流れるいくつかの主張，そしてそれに至るわたしなりの考察は，すべて事例から，カウンセリングにきたクライエントとのかかわりから生まれた。クライエントの物語を聞くことで，わたしに疑問が芽生え，興味がそそられ，謎解きへのエネルギーが湧いてくる。物語が複雑怪奇であればあるほど，想像を超えれば超えるほどにわたしのエネルギーは昂進する。

参考文献，先行書などをいっさい退け，わたしなりにそれらの物語と格闘する。そうしてわたしなりに噛み砕き，咀嚼して，わたしの物語にすること，これが「事例化」である。すでにそこには出来事の意味，変化の要因，解決の方向などが示されている。つまり，類型化されており，共通のパターンが示されているのだ。だからわたしは，事例を物語として描くことができるのである。

本書中の事例および散りばめられたエピソードの数々は，わたしによって物語化されたものであり，同時にその作業こそが本書の考察を根底から支えていることを強調しておきたい。

事例❶

鼻の曲がったA子さん

15年ほど前，いまでも忘れられないクライエントと出会った。それがこのA子さんである。詳しい紹介をする前に，当時の「暴力」をめぐる社会的背景について述べておこう。

当時，DVという言葉はまだわが国には存在せず，家族の中の暴力は「家庭内暴力」しかないと考えられていた。それは思春期の子どもが親にふるう暴力を指していた。すでに述べたように，だからといって決して他の暴力が存在しなかったということではなく，それらに対して暴力という「名付け」がされていなかっただけである。

A子さんの主訴は「自分はバタードワイフではないか」というものだった。battered wife——邦訳すれば「殴られ妻」，正確にはバタードワイフシンドローム(殴られ妻症候群)という——はアメリカからの輸入語である。1980年代にこの言葉が伝えられて，はじめて夫から殴られている妻が名付けられたのだ。その点でバタードワイフはDVの前身であり，幕開けとなった言葉だといえる。しかしこれはバタラー(殴る人)を問題としていたわけではない。殴られる妻をタイプ分けし，その特徴を列挙していたことからわかるように，主として殴られている妻のほうを問題視する言葉だった。この点が夫の，男性の加害者性を明確に表現するDVとは決定的に異なる。

とはいえわが国において，夫婦間暴力の一方の人間に対する最初の「名付け」がバタードワイフだったことは間違いない。そして，殴られている妻も救われるかもしれないという希望を最初に与えた言葉でもあった。A 子さんもこの言葉を知ることで，カウンセリングに足を運ぶきっかけをつかんだのだ。

当時のわたしは，「殴られている妻」という主訴から A 子さん像をそれなりに予想していた。カウンセラーという仕事には，何年経験を積んでも変わらないものがいくつかある。そのひとつが「最初の出会いの瞬間」の緊張である。クライエントの側でももちろんそうだろうが，われわれも同じだ。どんな人だろう？　雰囲気は？……などと，それなりに想像をふくらませて，そして出会う。予想がはずれることもあり，想像したとおりのこともある。その賭けにも近いスリルが，これまたたとえようもなくおもしろいのだが。

ところが部屋に入ってきた A 子さんを見てわたしは驚いてしまった。薄い水色のスーツを着こなし，くっきりと整った顔立ちに笑みを浮かべてお辞儀をしてから椅子に座った A 子さんは，とても 46 歳には見えなかった。わたしの経験の浅さもあったのだろうが，みじめでうちひしがれた雰囲気，地味で老けこんだ風貌などを内心想像していたのだが，その予想はまったく覆されてしまった。

しかしその後語られた内容は，わたしの予想をはるかに超える悲惨さに満ちていた。現実は想像力を超えるものであるということは職業柄十分承知していたはずのわたしだったが，そのわたしにしてもそこで語られる内容を聞きながら，自分なりに消化し，整理していくのはかなり大変な作業だった。目の前の A 子さんの美しいとしか言いようのない顔立ち，そして知的な語り口と，そこで語られる内容の乖離が，聞いているわたしを混乱させたからだ。

彼女は決して涙を見せることもなく，まるで前の晩にノートにむかって時系列に沿ってまとめたかのように整理して，夫の暴力について語った。しかし何より奇妙だったのは，一貫して軽くほほえみながらそれらを語ることだった。聞いているわたしが思わず驚いてしまうような場面で，彼女はことさらニッコリと満面の笑みを浮かべる。

今になってみれば，彼女はそのような結婚生活をそうやって一生懸命ほほえみを浮かべることでなんとか乗りきって生きてきた人だった，ということがわかるのだが，当時のわたしは，いっそうの混乱を覚えるだけだった。

では，A 子さんの語った夫との日々を述べることにしよう。

*　　*　　*

関西の地方都市の比較的裕福な商家の長女だった A 子さんは，大学進学と同時に上京，女子大の寮に入った。2 歳年上だった夫とは，サークル活動をとおして知り合った。それはいくつもの大学が合同してつくっている演劇集団のようなものだった。参加している男子学生も多く，A 子さんは彼らの憧れの存在だった。両親からは，卒業と同時に帰郷し地元で結婚して暮らすことを暗黙の条件として言い含められていた。そのことに，それほど反発も感じてはいなかった。

――――演劇青年

A 子さんが大学 3 年になったとき，サークルの先輩だった男性 2 人から結婚を前提の交際を申し込まれた。1 人は国家公務員としてエリートコースが約束されていた男性，もう 1 人は大学院に進み研究職を目ざしていた。彼女のなかには親の要請どおり郷里に戻らなくてはという気持ちと，いっぽうで目の前に存在している2人の男性のいずれかと結婚して東京で暮らしたいという気持ちの双方がないまぜになっていた。

お互いライバルでもあった2人の男性のあいだで揺れ動いていたA子さんの前に突然あらわれたのが，今の夫だった。

彼は2人の男性とは異なっていた。演劇で生きることを志しており，大学の授業を半ば放棄し，小さな劇団に加わっていた。チケットをときどき送りつけてくるため，A子さんは何度も友人と公演に足を運んだ。公演終了後，数回食事を共にしたことはあったが，必ず複数の友人が同席していた。

息子の行動に怒った親は仕送りを中止しており，彼は最低限の生活を強いられていた。やせて目だけが異様に光っているその風貌は，A子さんをいつも不安にさせた。なんだか現在の自分の生活を批判されているような気がして，彼と目が合うたびに，知らず知らず目を伏せてしまうのだった。

ある日，大学の正門を出ようとしたA子さんの前に彼が立ちふさがった。驚くA子さんに彼が告げたのは，次の言葉だった。

「いっしょに生きてほしい。君は僕と結ばれる運命なんだ。それは最初に会った瞬間からわかっていたはずだ。彼らと結婚をすることはない。どんな人生を望んでいるのか君は自分でわかっていないんだ。君には僕しかいないはずだ。僕と生きることで，君ははじめて君らしく生きられるんだから」

呆然とするA子さんへのアプローチはその後も続いた。寮への連日の手紙，門の前での待ち伏せ，送られてくる花束……。このような攻勢の日々のなかで，A子さんの気持ちにも徐々に変化が生まれていった。国家公務員の妻も大学教授の妻も，いずれも自分にとってはこのうえない幸せな日々であろうと思ったが，そこにはこのような激しさ，先の見えない不安と，求められることにともなう充足感もないと思えた。

―――血の味

このようにしてA子さんは，今の夫との結婚に踏み切った。周囲も驚き，もちろん郷里の両親も猛反対するなかでの結婚だった。大学を中退し，無収入に近い夫の演劇活動を支えるには彼女が働くしかなかった。狭いアパートでの生活は貧しかったが，満ち足りたものだった。

ちょうど同居を始めて3か月を過ぎたころ，2人そろっての休日の午後に，最初の暴力がおきた。夕方から2人で食事に行く予定だった。A子さんは美容院に行ったのだが，思ったより時間がかかってしまい急いでアパートに戻ろうとした。運悪く雷が鳴り夕立になった。傘を持っていない彼女は濡れながら走った。ドアを開け「ただいま」と言ったとたんに夫から顔面を殴られた。

漫画にあるように本当に目の中にいくつもの星が飛んだ。そんな彼女の視界に入ったのは夫の顔の蒼白さだった。夫は「正直に言え！」「誰と会ってたんだ！」と叫びつづけ，起き上がろうとする彼女を何度も何度も殴り，壁際に追い詰めた。

動けなくなりうずくまったA子さんを見て夫ははじめて我に返った。前歯が1本折れ，口中に血の味がするなかで，A子さんは必死に美容院を出てからのことを説明した。夫は肩で息をしながら少しずつ落ち着きを取り戻すと，今度はうって変わったように畳に頭をすりつけ，土下座をして謝るのだった。

「許してくれ」「帰りが遅いのできっと誰か自分の知らない男と会っているんじゃないかと思ったんだ」

そう言って泣きはじめ，しだいにそれは号泣に変わっていった。A子さんは口から血を流しながら，そんな夫の頭を胸に抱いて「わかってるわよ。泣かないで。あなたの気持ちはよくわかっているから」となだめるのだった。

経済力のなかった夫もその後就職をした。それというのもA子さんが妊娠したからだ。これが転機になって実家の両親とも和解し入籍をした。経済的にも安定し，かたちだけだがウェディングドレスを着て2人で結婚式の写真を撮った。これですべてがうまくいくという気がして，しみじみと幸福感を味わった。

出産を控えて仕事もやめることにし，専業主婦として大きなおなかをかかえて平凡な親子3人の生活の訪れを夢みていた。暴力の記憶も薄れ，あれはやはり何かの間違いだったと思えるようになった。

――――ふたたびの暴力

ある夜，会社からの帰宅がめずらしく連絡もなく遅れた。夕食が冷めてしまうと思って先に食事をすませた彼女が疲れてうとうとしていると，夫が帰ってきた。めったに飲まない人が酔っているようだ。連絡がなかったことを責めたとたん，突然突き倒された。

それからのことはほとんど記憶がないのだが，自分のおなかをかばうだけで精一杯だったのだと思う。さいわいおなかの子どもに影響はなかったが，翌日には顔が腫れ上がり，夕方には内出血で紫色に変色した。それから3日間は外出もできなかった。医者に行こうかとも思ったが，夫に殴られたなどとは恥ずかしくて言えそうもなかった。

夫は嵐のような暴力が収まったとたん，それまでの行動とまったく矛盾するようなことを言った。「大丈夫か，赤ん坊は大丈夫か」と。

それから顔をタオルで冷やしてくれて，一晩中A子さんを抱いて寝てくれたのだ。翌日，酔いが覚めた夫は彼女の顔を見ると動揺がさらに大きくなった。うわごとのように「どうしたらいいのか」とうろたえている夫を，むしろ彼女のほうが慰め，次の夜はしっかりしなさいと寝かしつけた。

そうやって夫をまるで子どものように寝かしつけていると，ふと最初の暴力の後を思い出した。“まるであの時と同じだ。こうやってわたしが血だらけの口のままで夫を抱きかかえてなだめていたっけ……。そんなことってあるんだろうか，繰り返すだなんて……”

A 子さんの心の中にはじめて，夫の暴力への不安が黒い雲のように広がった。でもその瞬間“きっとこれは何かの間違いだわ。わたしも口調がきつかったし，彼だけが悪いんじゃない。子どもが生まれればこの人もきっと変わってくれる”と思い返し，紫色に腫れ上がってきた頬を押さえて，いつものようにほほえみを浮かべた。

翌朝も，会社を休んで病院に連れていくという夫を説得して，明るく会社に送り出した。

腫れ上がった顔を鏡で見ながら，とりあえずこの子が生まれてくるのだから我慢しようと決意した。夫のあのうろたえぶり，謝っているときの必死な顔つきを思い出すと，会社でのいらいらが原因だったのだろうと自分を納得させたのだ。

実家の両親は和解したとはいえ，結婚を全面的に認めているわけでもなかった。だからここで実家に戻ったり，親に訴えたりすればけっきょく「親のいうことを聞かなかったあなたが悪いのよ」と言われるのは目に見えていた。大きなおなかを抱えて，もういまの自分には戻る所はない，夫を信じるしかないと A 子さんは自分に言い聞かせたのだ。

それからカウンセリングに訪れるまで約 20 年あまり，いったいどんなことがおきていたのだろう。

――――あきらめ

子どもが生まれてA子さんが忙しくなるにつれ，夫のアルコールの量が増えていった。会社から帰宅してA子さんが疲れているにもかかわらず，自分の思ったように相手をしてくれないと茶碗を投げたり，殴ったり蹴ったりした。子どもがおびえて泣くと，おさまるどころかさらに暴力はひどくなった。

このころになると，もう彼女はあきらめていた。平静なときに話し合おうとしてもまた夫を刺激してはかえって危険ではないかと思えたため，もう暴力のことは夫婦のあいだではタブーの話題になっていた。次女が生まれてもいっこうに事態は変わらなかった。子どもが生まれれば自覚ができるだろうなどという希望は，まったく非現実的な幻想にすぎないこともよくわかった。

おまけに，暴力が過ぎ去ったあとで謝ってくれたかつての夫とはまったく変わってしまい，やがて開き直るかのような態度をとるようになった。マンションの隣人もA子さんの悲鳴や夫の怒声に気づいているようで，いつも自分を哀れんでいるような目つきをされるのがいやだった。しだいに近所づきあいも避けるようになった。

――――少し曲がっているでしょ

「組織で働くのは向かない」と言って，突然夫が会社をやめた。2人の子どもをかかえて不安がるA子さんに夫はこう言った。「新天地を見つけたんだ，もう上司に気をつかうこともないぞ」

退職金をはたいて，夫の郷里に土地を買い現在の店舗をつくった。仕事は思ったよりうまくいき，夫の荒れる回数もずっと減ってきた。しかしA子さんにとって耐えがたかったのは，夫と一日中顔を合わせていなければならないことだった。自営業の経理はA子さんの肩にかかっており，そのぶん責任も増えた。

収益が順調に増えはじめたころ，夫に愛人ができた。そのことを責めるとひどく顔を殴られ，髪をつかまれて引きずりまわされた。いつもは自室で知らん振りをしている娘が，このときは跳んできて夫に立ち向かっていった。これまででいちばんひどい暴力だった。

「ほら，ここをよく見てください。少し曲がってるでしょ」

明るい声でA子さんは，鼻を指差しながらわたしに言った。よく見ると鼻骨がたしかにゆがんでいる。夫の拳が鼻を直撃したのだ。さすがにそのときは彼女も，隣町の外科医を受診し医師のすすめもあって診断書をはじめて書いてもらった。

しかし彼女がカウンセリングにくるまでに，何も努力をしていなかったわけではない。もともと知的な好奇心は旺盛だったので，通信教育で資格をとっていずれ経済的に自立しようとした。そうしていくつかの国家資格をすでに取得していた。

また子どもの教育には家業のかたわらエネルギーを注ぎ，有名私立学校に2人の娘を合格させた。趣味も夫公認の謡曲を続けている。夫との関係を見ないようにするために，このようにして何でもやりつづけたのだ。

夫は家庭の外ではきわめて評判がよかった。地域のボランティアにも参加し，愛想もよかった。学生時代のあの暗い雰囲気はどこかへ行ってしまったように，少しおなかの出た中年男性と化していた。傍目からは何の不足もない生活だった。

幸せな家族と見られていただろう。

────新興宗教

しかしA子さんは夫との生活，そして半ば慣れてはいるものの習慣化した暴力に悩み，知人の紹介で，とある新興宗教に入った。そこではじめて夫の暴力を他人に打ち明けることができた。A 子さんに対して宗教団体から与えられたアドバイスは次のようなものだった。

「ご主人を大きな子どもと思いなさい。そしてご主人の言うことを受け入れてあげなさい。あなたがそのような広い心で接すれば，いつか必ずご主人の暴力はやむでしょう」

心から信じきった彼女はそれからというもの，言われたとおりにしようと努力した。しかし夫の暴力はやむどころか，妻である自分をまるで所有物のように扱いだした。それでも夫を受け入れようと努力すればするほど，苦しくてたまらなくなるのだった。それを訴えると「あなたの努力が足りない」と教団の人にしかられる。

このような毎日を過ごすうちに，ついに A 子さんは円形脱毛のためカツラをかぶらないと外出できないほどになった。

こんなに苦しくなる宗教はおかしいのではないか，と疑問をもちはじめたとき，新聞の片隅に「バタードワイフ」の記事を見つけた。殴られつづける妻とは，これはまさに自分のことではないか，と直感した。公的機関に電話をして，そこからの紹介でカウンセリングにやってきたというわけである。

――――別れればいいことはわかっています

これだけのことを語るのに，2 時間近くかかった。しかし A 子さんは涙ひとつ流すでもなく，きわめて冷静な口調を崩さなかった。

当時はまだ DV という言葉はつかわれてはおらず，「バタードワイフ」が彼女に与えられた名前だった。それをみずからのアイデンティティとして来談したのだった。

彼女の困っていたことは何だったのだろうか。そして彼女の望んでいたことは何だったのだろうか。

その後彼女は3回カウンセリングに訪れている。その過程で彼女の口から語られたのは，次のような言葉だった。

「思い切って別れればいいことはわかっています。もう夫はあれ以上変わらないでしょうから」

それと同じくらい語られたのが次の言葉である。

「子どもにとってはいい父親です。わたしの勝手で別れてしまっていいものでしょうか」

そして，この言葉。

「こんな中年女性では，あらためて職探しもできませんし」

カウンセリングも，夫が不在の時間をねらって予約した。夫がこのような行動を知ったらどんな反応をするのか，彼女にはわかっていたからだ。当時はまだ携帯電話が開発されていなかったからこそできたのかもしれない。

――――なぜこのような美しい女性が……

わたしの援助はいまから考えるとおぼつかないものだった。当時はやっとシェルターらしきものができはじめたころだった。外国人女性が風俗店で働き不当な扱いを受けているときに逃げ込めるようにと，駆けこみ寺のような施設が立ち上げられたのだ。しかしそれはDV被害者の女性専用ではなかった。

とりあえずそのような社会的資源を紹介したり，自分名義の貯金や証券を確保することを伝えたり，緊急に逃げられる場所を探すように指示したり……と悪戦苦闘した記憶がある。

しかしなにより不思議だったのは，このような知的で自己主張もできる美しい女性が，どうして今までこのような夫の暴力に耐えて暮らしてきたのかということだった。そしてせっかくカウンセリングにまでやってきたのに，事ここに至ってまで逡巡してしまうのはなぜなのだろうということだった。率直にその気持ちを彼女に伝えた。

「おっしゃるとおりです。自分でも頭ではわかっているんですけれど」

微笑みながら，どこか当惑したようにこう答えた。

しかし，当惑しながらも約束は守って行動する人だった。カウンセリングに予約どおりやってきたのはもちろん，わたしの勧めで当時まだ数少なかったバタードワイフの女性が多く参加していた市民グループにも参加した。夫には同窓会と嘘をつき，夜間の外出を決行してのことだった。そのグループに参加して彼女はショックを受けた。

「なんとなく惨めな人たちが多いんですね。わたしもあのような人たちの仲間なんだと思うと……」

「ずいぶんひどい夫が多いんですね。わたしなんか軽いほうじゃないかと思ってしまって……。もっと我慢をしなくてはならないんじゃないでしょうか」

――――夫のもとに帰ります

このような反応は，アルコール依存症の人たちがはじめて自助グループに参加したあとで漏らす感想と酷似している。自分は他のメンバーと違うということだけが，ことさら大きく感じられるのだ。その感想を聞いて，おそらくわたし自身が傷ついたのだろう。グループに参加することで彼女が勇気と力をもらえることを期待していたからだ。心の中で「程度の差はあっても，あなたと同じ人たちでしょう。同じ苦しみを経験した人たちとつながれないなんて悲劇じゃないの」とつぶやいてしまった。

そのこともあったのか，わたしは，思い切って家を出る，もしくは別居に踏み切る，あるいは短期でもいいから休養のために入院するといった行動に移るように，かなり指示的に伝えた。

おそらくA子さんはわたしの苛立ちを察知したのだろう。よく考えてみますと言ってその回は終わった。

1週間後，彼女の口から直接伝えられたのは次のような言葉だった。

「やっぱりわたしには今は無理だということがよくわかりました。無理をして家を出ても，けっきょくは失敗して戻ることになるでしょう。そしてここまで曲がりなりにも続けてきた家族を壊してしまう覚悟はやっぱりできません。下の娘が結婚して家を出ていくまでは，わたしはあの夫との生活を続けていきます」

いきなり頭を殴られたような気持ちだった。それほどショッキングな言葉だった。なぜ，どうして，という疑問が頭を駆けめぐった。そのような動揺をあらわさないように必死に努力はしたが。

今になって考えてみれば，わたしの指示どおりに動けなかった彼女は，そのまま何の連絡もなくカウンセリングを一方的にキャンセルし，私の前からドロップアウトしてしまうこともできただろう。そうしないで1週間後に正々堂々と「夫のもとに残ります」と，わたしに正面から意思表示をしたのだった。それはかなりの勇気のいることだっただろう。そしてこうも言った。

「何年かして娘が結婚し，親の役目が終わってからあらためて自分の人生を考えるときには，またここにやってきます」

こうして彼女との関係は終わった。もちろんその後わたしの前にあらわれることもなかった。

＊　　＊　　＊

A 子さんの事例は，わたしにとってはじめての DV ケースであった。その経験はわたしに何を残したのだろう。

まず，現実は簡単には動かせないということを学んだ。家族という長年の空気のような時間の堆積は，たとえそれが暴力に彩られたものであったとしても，そこに変化をおこすのは実にむずかしいということを。

当時のわたしはカウンセリングをしながら，悪いものは悪い，許せないものは許してはいけない，というプリミティブな正義感と瞬間湯沸器のような怒りを覚えていたのだった。それは現在もそれほど変わってはいない。しかし，さすがに現実がすぐさまそのとおりに動くものであると，またそう動かなくてはならないと思い込むような傲慢さは減ってきた。

そして，じっくり時間をかけるべきだったと反省もした。その時間が何のためなのかは当時よくわからなかったが，とにかく「急いては事をし損じる」と思った。

もうひとつ，これはアルコール依存症と感じが似ていると直感した。彼女がけっきょくは家にとどまるという選択をしたときにわたしが感じた一種の無力感は，アルコール依存症の人たちが，われわれの期待を裏切って再飲酒をしたときに受ける無力感とまったく同じだったからだ。その無力感はどこか懐かしい感じさえあった。

誰が見ても愚かしい再飲酒をして死に一歩近づく行為，それを止められないわれわれ——そうか，これもアルコール依存症と同じなのか，とひとつの発見をしたつもりになったのをありありと覚えている。

その後多くの殴られている女性とカウンセリングをとおして出会った。振り返ってみれば，A 子さんはそのなかでも実に稀な，すぐれた人だったと思う。

それは，夫のもとに戻ることをみずからの選択として言語化して伝えてくれたという点と，自分が「バタードワイフ本人」つまり「DV 被害者」であることを意識して来談していたという点からである。つまり，「当事者性」を明確に意識していたからだ。

このことは，次の事例に登場する女性と比較すると明らかになるだろう。

事例❷

日本刀を振り回す夫から逃げられないB子さん

彼女をB子さんとしよう。63歳のB子さんは，高速バスで5時間あまりかけて原宿までカウンセリングにやってきた。雪の多いその県は米どころとしても有名であり，それはそのまま酒どころでもある。

彼女をそこまで駆り立てたものは何だったのだろう。

わたしたちのカウンセリングでは，主訴を基本にする。それは，「クライエントが困っていることをその人の名前にする」ということである。たとえば夫のアルコールで困って来談した女性は“アルコール妻”であり，息子のギャンブルで困って来談した女性は“ギャンブル母”と呼ばれる。人間関係がうまくいかない人は“人間関係本人”と呼ぶ。

あまりに単純化され，何かの符丁のような命名かもしれない。医療の診断名に慣れた人にとってはいささか奇妙に思えるだろうが，医療機関ではない（医療モデルにのっとっていない）カウンセリング機関では，このような名付けが最も適切かと思う。

つまり，専門家がその人たちに名前をつけるのではなく（診断するのではなく），自分が何に困っているのかというその人の訴え，その人の自己申告をそのままクライエントの名前にするのがわれわれの基本的立場なのだ。

B子さんは娘の問題でやってきた。30歳になる娘が仕事をやめてから家に閉じこもりがちで，母親である自分を責めるというのだ。だから彼女は電話予約の段階では，「ひきこもりの娘の母」として分類されていた。

＊　＊　＊

部屋に入ってきたB子さんは，顔のしわが目立つ，日焼けした，いかにも農家の主婦といった風貌の女性だった。しかし決して無口ではなくむしろ多弁なほうで，大きな声でこれまでの経過を語った。彼女もまた，絶えずニコニコしているのだった。

――――娘はアダルトチルドレン

娘のことでわざわざ東京までやってこようと思ったのにはそれなりの理由があった。娘がB子さんを責めるときに，「わたしはアダルトチルドレンだ」という表現をしばしばつかったのだ。

アダルトチルドレンとはいったい何だろう。素朴に疑問に思った彼女は本屋に足を運び，そこでわたしの本に出会った。そして彼女の表現をそのまま使えば，「読めば読むほどうちの娘のことなんだと思いました」そして「なんとかあの娘を治してやらなくちゃと思って，必死になってやってきました」ということであった。

ところでアダルトチルドレンとは，「現在の自分の生きづらさが親との関係に起因すると認めた人」である。自分の生きづらさが，虐待的環境としかいいようのない家族を生き延び親を支える過程で身につけた対人関係によるものであると気づき，「親のせい」と感じることを肯定する言葉だ。病理としての診断名ではなく，あくまでも自覚の言葉，自己申告の言葉なのである。

とすれば，B子さんが娘のことをまさにアダルトチルドレンと感じたというのは，いささかおかしなことである。つまり「アダルトチルドレンの娘の親」とは自分のことなのだから，自分が娘にとって支配者であり加害者であるということをみずから認めるということになる。

しかしそのような点にまでは，おそらく彼女の考えは及んでいなかったのだろう。むしろ事例にみられる具体的記述の内容が娘そっくりということで，「これは娘のことだ」と感じただけのことなのだろう。

このようなこっけいな勘違いがアダルトチルドレンという言葉にはついて回る。別の視点からいえば，いかに世の人は「診断名」「病名」を他人に付けたがるかということである。当の親が我が子をアダルトチルドレンだと言って相談にくることは決してめずらしくはない。B子さんもその1人だったというわけだ。

――――玉手箱

最初にカウンセリングでおこなうことは，インテーク面接といって，主訴である問題の経過と家族関係について聴取することである。1時間でそれを聞くわけであるが，なかなかむずかしいものがある。まったく語らない人がいるかと思えば，話し出すと止まらず1時間の枠にはおさまりきらない人もいる。B子さんは後者のほうだった。

聞いていくうちにわたしは，まるで玉手箱が開いて次から次へと中から妖怪が出現してくるような感覚に襲われた。娘のひきこもりの話に至るまでに，多くのことが彼女の口から語られなければならなかったのだ。

実は彼女の夫は重症の（と言ってかまわないだろう）アルコール依存症だった。

隣村出身の彼女は，24歳のときにお見合いでこの夫と結婚した。24

歳といえば当時では行き遅れといわれる年齢だった。働き者という触れ込みだったし，見栄えもよく話のおもしろい人だったので迷わず結婚した。相手は 26 歳だった。

ところが結婚してわかったのは夫の酒癖の悪さだった。新婚旅行で飲みすぎて，旅館の廊下に放尿して顰蹙(ひんしゅく)をかった。それを見た旅館の主人から「悪いことは言わないからこんな男はやめときなさい」と真顔で諭された。しかしそう言われると，かえって後には引けないと感じてしまい，このわたしがなんとか夫の酒をまともにしてみせると決心したのだ。それがすべての出発点だった。

それからの彼女は，酔っては家族全員に議論らしきものを吹っかけ世の中を呪う夫を支え，農業に励んだ。夫は二言目には「俺ほどえらい人間はいない」と飲んで豪語するのだった。

それだけではない。B 子さんは姑の介護をし，看取り，農業を切り盛りし，2 人の子どもを産み育ててきた。もちろん家事全般も完璧にこなした。そして現在，長女がひきこもっているというわけである。

彼女は，夫の酒を黙認していたわけではない。保健所に相談に行き，断酒会をおとずれたりもした。夫の飲酒時の暴力がひどくなったからだ。不幸なことに（と言ったほうがいいだろう），夫は内臓が人一倍丈夫で，どれだけ飲んでも肝機能が落ちるということはなかった。したがって本人がアルコールで苦しむ理由など何もなかったのだ。

暴力がひどくなったのは長女が生まれてからである。自分のことを放っておいて子どものことばかり面倒をみているとは何事だ，というのがその理由だ。茶碗を投げる，机をひっくり返す，ふすまを破る……こんなことは日常茶飯事だった。B 子さんの体に痣(あざ)ができることも，これまた日常的だった。

――――不幸な人は不幸な顔をしていない

ここまで聞いてわたしは正直いってびっくりした。「なんだ，これは娘の問題などではない。夫のアルコール依存症の問題であり，DVの問題じゃないか」と。

このようなことはしばしばおきる。クライエントの主訴(B子さんは娘がひきこもっているという主訴だった)にそって話を聞いていくと，別の問題が見えてくるのだ。目の前の人はそれをどこかで問題と思っていても，優先順位の一番ではないのだ。

まるで正面玄関を開けると，中に別の色のドアが2つも3つも閉まっているようなものだ。このドアをどうやってひとつずつ開けていくか，つまりわれわれに見えてきた別の問題をどうやってクライエントと共有できるようにもっていくかは，なかなか醍醐味に満ちたものである。

しかしそのことをわたしはB子さんに伝えられなかった。なぜならこのような内容を語りながら，彼女はずっと笑みを浮かべていたからだ。ときには身振りをまじえながら，落語の酔っ払いのくだりのように，夫の殴りかかる様子を大声でまるで実況中継のように説明するのだった。

このような現象をなんと呼んでいいのかわからないが，これまた決してめずらしいことではない。聞いているだけで悲惨な話なのに，語っている本人はずっと笑っている。おそらく悲惨さが日常化しているせいなのだろうか，そのため悲惨を意識できなくなっているのだろうか。それとも笑ってでもいなければ，みずからの不幸に押しつぶされてしまうのかもしれない。堅固な堤防としてその笑い顔があるのかもしれない。

本当に不幸な人は「わたしは不幸です」という顔をしてはいないものだ。彼女のエネルギーに満ちた顔を見て，思わず言葉を飲み込んでしまった。おそらく現在のB子さんには通じないだろうと判断したからだ。

———お父さんと別れてほしい

そんなときわたしは，クライエントが今いちばん困っていることから手をつけることにしている。なぜならそれが動機も意欲も最も高いであろう問題だからだ。強制力をもたないどころか，クライエントが次回も来談する保証もないわれわれのような民間カウンセリング機関では，次も来てみようという動機こそがなによりの絆になる。そのためには，わざわざお金を払ってまでも訪れようとした問題，目の前の人を駆り立てた問題こそをまず援助することが鉄則である。

夫のアルコールや暴力などは，B子さんにとってはたんなる露払いの意味しかなかっただろう。したがってわたしはまず，長女の問題を焦点化することにした。B子さんは次のように長女のことを語った。

長女は父親の母親への暴力を日常的に見ながら育った。彼女自身が母をかばおうとして父の暴力を受けたこともたびたびだった。学校の成績は優秀で，近所では，あの飲んだくれの父親の娘があのようにまともに育ったのはB子さんが働き者だからだろうと評判になったほどだった。

そんな娘が中学校のとき，夫が酔って寝静まってから思いつめた顔で言った。

「お願いだからお父さんと別れてほしい」

正直いってそれまでも何度か，こんな生活を続けていくくらいなら別れてしまおうと思った。しかし農家の主婦だった自分に，働いて生活費を得るだけのものは何もないと思った。実家に戻ることも考えたが，兄嫁との折り合いや年老いた両親を心配させることを考えると，とうてい無理だと思った。なにより当の娘のことを考えると，離婚した両親ではまともな縁談などなさそうに思えたのだ。だからこう答えた。

「おまえのために今まで辛抱してきたんだよ。お父さんも年をとればもっとおとなしくなってくれるから……」

娘はそれを聞いて黙って自室に戻った。そして，ひきこもるまで二度とそのことを口にすることはなかった。

――――病院，そして断酒会へ

大学まで進学したいという娘の希望は，経済的な理由と夫の強い反対でかなえられなかった。不本意ながら短大に進学してからは，ほとんど父親とは口をきかなくなってしまった。

B 子さんがめずらしく夫を責めたことがある。娘が父と口もきかず道をあやまってどうかなってしまい結婚できなければ，この家を継いでくれる者がいなくなる。そんなことにでもなれば，わたしはもう働く気力がない。だから酒をやめてくれ，と。その言葉に動かされたのか，夫ははじめて精神科を受診し，アルコール依存症として専門治療を受けることになった。

ここまで読まれると，やっとこの家にも平安が訪れたのかと思われるだろう。ところがそれはとんでもなかった。夫は入院先の病院で主治医と大げんかをした。それというのも，自分はきわめて軽症の患者だから特別扱いをしてほしい，喫煙時のタバコの本数も自由行動もすべて特別にしてほしいと要求したからだ。医師に「冗談じゃない」と一喝されると大声でわめき散らし，自分から退院してしまった。わずか入院 2 週間目のことだった。

B 子さんは，入院さえさせれば医者が治してくれるものとばかり信じていたので，再び飲酒を始めた夫を見てもう何をやってもだめなのかと絶望してしまった。しかしその病院の親切な看護者が「断酒会に行ってみたらどうですか」と勧めてくれたのだ。

それからはB 子さんが半年間断酒会に通い，夫もそのうちに通うようになった。決して酒をやめていたわけではないが，それでも断酒会に足を運んでいるということはどこかで酒をやめようとしているのだとB子さんは信じていた。

ところがちょっとしたことで会の友人とけんかになり，そこからいつものように大声でわめき散らすという騒動にまで発展してしまった。以後，夫は決して断酒会には足を向けようとしない。それどころか酒の量も増え，暴力はますますひどくなった様子さえみられる。

――これまでの人生を返してほしい

B子さんはすっかり夫の酒についてはあきらめきった気分でいた。そんな両親の状態から距離をとるようにして，長女は卒業して就職し，金融関係の会社でまじめに働いていた。

母親思いのところは変わらなかったが，2年目に突然会社を辞めてしまった。理由は「疲れてしまった」というものだった。まもなく転職し働き出したので安心していたのだが，その会社も半年足らずで辞めてしまった。

このようにして仕事を転々とした長女は28歳になっていた。B子さんは，娘のためにこのような結婚生活に耐えてきたという思いもあり，いっそ結婚でもしたらどうかともちかけた。

そこから長女の暴言が始まった。それと同時にほとんど外出もしなくなり，ひきこもってしまった。娘からの言葉はいつも決まっていた。

「わたしがこうなったのはあなたたち夫婦のせいだ」

「別れてくれと頼んだのにどうしてあのとき拒否したのか」

「わたしの前でそんな不幸な顔をしないでくれ」

「これまでのわたしの人生を返してほしい」

長女の突然の変貌に驚いたB子さんは，いったい何がおこっているのか見当がつかなかった。自分が耐えてきたのはこの子のためだと思っているのに，その娘がなぜ自分を責めるのかまったく納得がいかなかったのだ。

そして，その娘から出た言葉，「アダルトチルドレン」を頼りに本を読み，そのような混乱のなかで原宿までやってきたというわけである。

―――2週間の入院作戦

わたしの戦略は，まずB子さんに入院をしてもらおうというものだった。入院先は，家族入院も引き受けてくれる精神科の病院である。われわれのセンターにとって，そのような病院の存在は欠かせない。

具体的な手順は，次のとおりである。

- 指定するクリニックを受診する。
- 要入院の診断書を書いてもらう。
- それを夫に見せる。
- B子さんが入院する。
- B子さんが病院で休息し，家族の中で経験してきたことがどれほど自分を傷つけていたのかということを振り返ってもらう。
- さらに，自分という仲介者がいなくても，娘と夫だけでも暮らせるという事実を確認する。
- また，B子さんが入院の必要な病気であるという事実を突きつけることで，夫の行動修正(アルコールと暴力の)をはかる。
- 入院中に娘と連絡をとり，自分は退院後は家を出るつもりであることを伝える。

これは一種の介入である(介入については第Ⅲ章に詳述する)。最終的には，娘とB子さんが近隣の町にアパートを借りて夫とは別居に踏み切ることを目標としていた。

この提案に対して，B子さんはすぐさま応じたわけではない。

うなずいてはいるものの，ためらっていた。そのためらいの理由は，彼女の表現を借りればこうである。

「だって先生，わたしがいるから娘は夫から殴られないで済んでいるんですよ。あの人はね，何をするかわかんない人だから。わたしが見張ってるから娘に手を出さないだけでね……」

────殺し文句

このようなためらいは，実は計算済みである。こんな戦略をすぐ実行できるはずがない。だから次のようにたずねる。

「不安なことがあったら何でも質問してください」と。

B子さんの不安はとにかく娘のことなのだ。B子さんの質問は次の2つだった。

「わたしが思い切って家を出れば，娘は元気になって仕事にもいけるでしょうか」。そして，「ふつうに結婚できるでしょうか」

わたしはこう答えた。

「あなたがしばらく家を空ければ，少なくとも今とは違う状態になるでしょう。断言はできませんが何かは変わりますよ。それはおそらくお嬢さんが動き出すことにつながると思います。そうすれば結婚ということもありえるでしょう」

同時にわたしは何度も「あなた自身の体の安全を第一に考えるべきではないでしょうか」と繰り返したが，どれほどB子さんの体の安全を第一にと言っても，彼女の関心は娘を「ふつう」にしたいということに帰着した。自分はさておき娘のことを，という点は変わらず，それはまるで終わりのない問答のようであった。

自分が殴られていることは「慣れている」のであって，とにかく娘の将来のことだけが気がかりなのだと主張する。「そのような母親の不幸な生活そのものが娘の活力と生きる力を奪っている」というわたしの言葉は，まったく鉄壁のような防御に阻まれてしまった。しかしわたしの努力の甲斐あって，結果的には2週間の入院をしたのだが，それは「あなたが入院することで娘が変化するかもしれない」という“殺し文句”によってであった。

さて，その後の展開はどうなったのだろうか。

2週間の入院を終えて自宅に戻ったB子さんに対して，夫はしばらくはやさしかった。そのような両親を見た娘は，突然貯金をおろして自宅から隣町にアパートを借りて出てしまった。両親にはしばらく住所も教えたくないと電話があった。経済的にはもう就職先が見つかったから心配ない，私のことは気づかわないでくれ，とのことだった。B子さんと娘をつなぐのは携帯電話だけという現状だ。

いっぽうB子さんはそのまま家に残っている。夫の暴力は1週間ほどの平穏期のあと再び始まった。朝起きるのが遅いといって突然，腰を蹴り上げたのだ。退院後カウンセリングに訪れた彼女は腰をさすって足を心なしか引きずっていた。しかしB子さんは，娘が仕事に就いたらしいということで満足している。われわれのセンターでのカウンセリングもすっかり足が遠のいている。

——とここで終わろうと思ったのだが，「B子さんの物語パートII」を追加しておこう。

半年後にB子さんがやってきた。相変わらずの声の大きさだが，少しやせて顔色も白くなったようだ。実はこの間に彼女は癌の手術を受けていた。さいわい結果も予後も良好だったのだが，彼女がなぜ再来談をしたのかを聞いて驚くばかりだった。

娘は仕事に就いて家を出たあと，職場の男性と交際し，あっという間に同居，入籍してしまった。B子さんの望んだふつうの結婚をしたというわけだ。

夫はB子さんの入院中(1か月にも及んだ)，酔って病院に押しかけては「おれのメシはどうする！」と怒鳴り，主治医から面会禁止を言い渡されたほどだった。さすがのB子さんもほとほと愛想が尽き，退院後は娘夫婦のマンションにとりあえず同居した。ところが夫と夫の親族から「わがままだ」「戻らなければもっとひどいことがおきる」と脅かされる日々が続いている。

離婚を強く娘から勧められたのだが，なかなか決断がつかない。

「わたしが夫と別れるとかえって娘たちに夫からの攻撃が向いて迷惑がかかるんじゃないだろうか」

「わたしは離婚して他人になれても，父と娘は親子で血がつながっているし……」

夫と娘の板ばさみで苦しくて，再びやってきたというのがB子さんの説明だった。

*　　*　　*

この事例をとりあげたのは，前の事例のA子さんと比べてほしいからである。どこが違うのだろうか。

B子さんは最初「娘のために」とカウンセリングに訪れた。その目的は「娘がふつうに結婚してくれること」だった。また再登場の理由も，娘に離婚の決意をしないことを責められたことが最大の力になっている。

つまり一貫してB子さんはDV被害者の当事者にはなっていないのだ。「わたしの問題」で来所してはいない。さすがに夫の暴力や酒をやめさせたいとは訴えることはしなかったが(結婚初期にはおそらく何百回とそう願ったであろう)，娘こそが，娘を今の状態から「ふつう」に変えることこそが，彼女の最大の望みだった。

これはB子さんだけではなく，多くのDV被害者にみられる特徴である。「わたしはさておき」というこの発想こそがDV援助における最大の障壁である。一言でいえば「当事者性の不在」こそが，わが国のDVにかかわっていくときの重要課題なのである。

B子さんは一貫して当事者性をもたないままである。しかしすべてのDV事例がそうなのではない。次に，当事者性をもたなかった女性が援助者の介入によって，DV被害者としての当事者性を獲得していった事例をみてみよう。

事例③

長男に連れられてきたC子さん

20代の男性に付き添われてきたその女性は，50代前半だった。その男性は彼女の長男だった。来所したのは彼女の意志というより，長男の強引なすすめによるものだった。

われわれのセンターの方針は，最初はまず家族を別々に面接するというものである。家族は，本書でも何度も述べているように決して一枚岩ではないし，お互い秘密もあり，利害の一致していないことも多いからだ。同伴して面接してしまうと，それらのことがほとんど表面に出ないで終わってしまう。

まず長男は次のように述べた。

＊　＊　＊

母は僕が小さいころから父に殴られていました。公務員の父はきちんと6時には自宅に帰り，そのときまでに家事が万端整っていないと機嫌が悪いのです。それこそ下駄箱のホコリを，靴を脱ぐとき人さし指でスッとぬぐって点検するんです。夕食，晩酌，風呂の準備……すべてが父の好みの方法で整然とおこなわれたうえで帰りを待っていないと大変なのです。ちょっと酒の燗の温度が熱すぎるとなると，もう即座に母にむかってお銚子が投げつけられます。それでも気分がおさまらないと今度は母の顔を殴りつけるのです。

おそらく殴っていくうちにだんだん興奮していくのでしょうか，お膳をひっくり返す，蹴る……こうなるともう手がつけられない。

恥ずかしい話ですが，僕はすべての家族はこんなもんだと思っていたんです。どこのうちでも父親はこんなふうに母親を殴っているんだと信じていました。すくなくとも小学校の３年生まではそうでした。でも友達に父の暴力のことをちょっと話したらひどく驚かれ，ああこれは自分のうちだけなんだとはじめてわかったんです。

母は当時からあきらめきったような人でした。いつも父にされるがままで抵抗すらしなかったように覚えています。いまから思えば抵抗しても無駄だと思っていたんでしょうね。ひたすら耐えて嵐の過ぎ去るのを待つといった対応しかできなかったのでしょう。

中学生になって父より背が高くなった僕は，はじめて父の暴力に立ち向かいました。

「やめろよ！」と叫んで父にむしゃぶりついていき，組み伏せようとしました。たしかにそのときの僕には，殺意があったと思います。いまでもその瞬間の不思議に冷静な感覚，父を殺すかもしれないという感覚をはっきりと思い出すことができます。

もみ合いになり，もう少しで父を組み伏せようとするとき，意外なことに母がそれを止めたのです。母はこう言いました。

「やめて，後でわたしがもっとひどい目に遭わされるから……」

それを聞いたとき，もう全身の力が抜けていくような気がしました。ああ，自分がどんなに父に刃向かってもそれはすべて母に対する暴力になって戻っていってしまうんだな，と。

そのときから僕はもう父と母のあいだでおこっていることに対して，

まるで別世界の出来事だと思うようにしました。食事も別にし，勉強を言い訳に親との接触をほとんど断ってしまいました。

おかげで成績はぐんぐん上がり，不思議なことにそのことに対しては両親はそろって応援してくれたのです。その両親の協力ぶりは僕にはまったく謎としかいいようがありませんでした。そして大学入学と同時に家を出，下宿をしました。

————早朝の電話

ここまでを一気に語った長男は，現在ソーシャルワーカーとして公的機関で働いている。仕事柄，最近は DV について学習をすることが多くなった。研修で DV のメカニズムを学べば学ぶほど，自分の原家族におこっていたことが典型的 DV であったことに確信を深めたのだ。

父親は定年退職をしてからは，週 3 回ほど仕事に出かける以外は相変わらず自宅で同じような生活を続けていた。酒の量は減ったようだが，母への暴言や暴力は相変わらずだった。

父に会うのがいやで，ときたま父の留守をねらって母に電話することが唯一の連絡手段だった。なぜかといえば，母が単独で長男である自分と会うことに対しても異様なほどの抵抗をする父だったからだ。許可なくして息子と電話で話したということも，母への暴力の理由になることをよく知っていたからだ。

そんな長男のもとに早朝突然の電話が母から入った。それは「もう殺されるかもしれないから，かくまってほしい」という訴えだった。

関東近県の実家から彼のアパートまでは 2 時間近くかかる。とりあえず，父が眠っているあいだに家を出ると言う。驚きながら，やっとこの時がきたのかという思いが去来した。

何度離婚を勧めても首をたてに振らなかった母だった。どこかで，もう勝手にあなたたちだけでやってほしいという放り投げた気持ちと，「むざむざ母を父の暴力のもとに見殺しにしている自分」という罪悪感とが絶えず交錯していたのだ。

――――アパートにかくまうが……

駅に迎えにいって久しぶりに会った母は，別人のように老け込んでいた。そして胸をかかえるようにして立っている様子を見て，そのまま外科医を受診させた。レントゲンをとってみると肋骨にひびが入っており，背中に痣が何か所もみられた。診断書を書いてもらうことに母は抵抗を示したが，長男が強引に説得した。

父親からはさっそくその夜電話が入った。母が家を出たということにはまったく触れない電話だった。長男はそれを幸いに世間話で終始した。

3日間アパートで休んでいるうちに母はすっかり元気になった。長男は仕事から帰ると，母と食事をしながら毎晩のようにDVについて話して聞かせた。関連する本を昼間読んでおくようにと言いわたして仕事に出かけたりもした。最初母親は「もう離婚する」と繰り返していたので，長男としてはこのまま自分が母を父から守り，再出発の人生を支援していこうというつもりだった。

ところが4日目を過ぎるくらいから，母親に変化がおきてきた。父親が探しに来るのではと，ひどくおびえるようになったのだ。アパートの鍵がはずされてしまうのではなどと職場にも電話がかかるようになった。それと並行して，さかんに父の生活を心配するようになった。

「お父さんも困っているんじゃないだろうか」

「ごはんはどうしてるんだろう」

「掃除はだれがやってるんだろう」

長男がいくら説明し説得しても，ときには泣いて「わたしにも悪いところがあった」「お父さんだって悪い人ではない」などと訴えるようになった。

あまりの変化に腹も立ったのだが，思い切って職場の上司にこのことを相談した。女性の上司は「専門機関を使わなければ無理じゃないの？あなた1人でこれからもずっとお母さんを抱え込むのはかえって危険だと思う」と率直にアドバイスしてくれた。

これがきっかけになってわれわれのセンターへの来所が実現したというわけである。

――――カタカナの言葉が付くなんて

さて当の母親C子さんについて述べよう。

彼女は，息子に強引に連れてこられたと来所の動機を述べた。

「ひと様に話せるようなことではありません。ほんとにお恥ずかしい……」

こう繰り返す，ごくごくふつうの中年主婦という印象だった。彼女の率直な現在の心境は次のようなものだった。

「DVという言葉を息子から聞いて本を読んでみました。自分が夫からされてきたことがこんなカタカナの言葉で表現されるなんて，ほんとにびっくりしました。わたしは別に暴力と思っていたわけじゃありません。嫁いだ以上，もう実家に帰るわけにはいきませんし，世間の目もありますし，これが自分の人生だと思うしかありませんでしたから。ほんとによく我慢してきたと思っています」

「でも誤解しないでください。夫は決して悪い人じゃありません。気むずかしいというか……気が小さいんですよ。それはわたしがいちばんよくわかっています。浮気したわけじゃありませんし，ちゃんと給料もそのまま渡してくれましたし。ね，なんの問題もない人なんですよ。まじめですし」

――――もう我慢できない

聞いているわたしはだんだん腹が立ってきた。どうしてこの人は，こともあろうに自分を殴った人のことを，事ここに至ってかばうのだろうか。

「どうしてそんなにご主人のことをかばうんですか。あなたを結婚以来ずっと殴ってきたんじゃありませんか」

思わずこう言ってしまった。

「でも，あの人もけっこう優しいところがあるんですよ，いつもいつもひどいことばかりしているわけじゃありません」

もう我慢できない。

「あなたの人生，幸せだったと思いますか。自分でそう胸を張って言えますか。愛している女に対して，肋骨を折るなんて考えられませんよ。安心して暮らせないような生活のどこが幸せだったんですか」

きょとんとしているC子さんに思わずまくし立ててしまった。

それにはほとんど反応せず，すがるように私を見ながらC子さんが語ったのは次のようなことだ。

「夫はいまごろどうしてるんでしょう。きっと困り果ててわたしのことを怒っていると思います。息子のアパートにやってくるんじゃないかとこわいんです」

「息子は離婚しなさいというんですが，この年ですからもう無理じゃないかと思うんですよね」

「わたしの人生はもうこれで失敗ですね。まともに夫と平穏な人生を送りたかったんですけど」

「こんなことで息子にも迷惑かけてしまって，親として恥ずかしい」

「夜になるとなんだか不安になってしまってよく眠れないんですよ。最初はほんとに何十年ぶりで安心して眠れたのに」

「ときどき胸が苦しくなってしまうんです。動悸がしたり……」

「こんなことして大丈夫だったんでしょうか。夫にもいいお灸だったでしょうから，早目に息子に間に入ってもらって家に戻ろうかとも考えてるんです。いちばんの心配は犬のことです。主人は散歩に連れていってくれてるかどうか」

———わたしの言うとおりにしてください

よく読めばまったく脈絡がなく，さまざまな内容が併存していることがわかる。犬のことがいちばん心配だという発言には驚かれる人もいるだろう。しかしペットを理由に夫のもとに戻るというケースは意外と多いのだ。それは決して冗談ではなく，本人たちはきわめて真剣なのだ。ましてDVの被害者たちが「異常」なのではない。さまざまな考えや気持ちが併存してひとつにまとまらないだけなのだ。どれもが切実であり，どれもがほんとうの気持なのだ。

そのとき「あなたが決めてください」などという言葉ははたして正当なのだろうか。なまじカウンセリングの勉強をしている援助者ほど，本人の「自己決定」を尊重しなければならないと考えがちだ。

わたしは次のように言った。

「よぉくわかりました。あなたのおっしゃりたいことはよくわかります。そしてそれはすべて，少しもおかしいことではありません。ただ，とりあえず何から手をつけていくかという順番が付けられていませんね。わたしのほうからその順番を付けさせていただきますから，そのとおりにしてください」

「まずわたしのほうからお勧めするクリニックを受診してください。そして動悸や不眠について医師と相談してください。できればそのとき診断書を書いてもらってください」

「次に息子さんのアパートから出る準備をしてください。あなたと息子さんが離れて暮らすこと，これは息子さんにとっても良いことなのです」

「そして次に，あなたが安心して暮らせる環境にとりあえず入ることをお勧めします。シェルターという言葉を本で読まれたと思います。そこを紹介しますのでぜひ利用してください」

「明日にでも，わたしの勧めるグループカウンセリングに参加してください。そのグループできっとあなたを支えてくれる人たちに出会えますよ」

「このあと来週のカウンセリングを予約してからお帰りください。そのとき，今日言ったことが順番どおり実行できたかどうかを聞かせてください」

――――逃げるにはコツがあるんですよね

いっぽう，長男に対して担当カウンセラーは，上司のアドバイスにしたがって母をともなって来所したことを評価した。そしてさらにこう伝えた。

「あなたの役割は，母親の担当者から出された課題を彼女が実行できるようにサポートすることですね」

その後の長男のサポートぶりは見事なほどだった。実は母親は長男と離れることにかなりの抵抗を示したのだが，長男から何度も「もう自分の限界である」と伝えられることで納得した。そして専門医の受診，シェルター入所まで長男はずっと付き添った。1週間後のカウンセリングにも付き添って来所し，同時に長男自身もカウンセリングを受けて帰った。

1週間後のC子さんは，先週とはうって変わった雰囲気を漂わせていた。たとえて言えば少しずつ背骨が形成されているという印象だった。夫に耐え，息子を頼りに生きてきた彼女が，はじめて自分で生活しはじめたのだ。

グループに参加した感想を，C子さんはカウンセリングの部屋に入るとすぐ次のように語った。

「思い切って家を飛び出たことに対して，メンバーから『すごい！』とほめられたんです。なんだか驚いちゃいました。自分ではいまだに良いことだったと思えていないんですが，そんなにほめられるようなことだったんでしょうか。なんだか混乱しました。でも悪い気持ちはしなかったですよ」

「グループのメンバーでわたしと同じような人がいたんです，でもその人はまだうちにいるんです。逃げる勇気がないんですね，やっぱりコツがあるんですよ。帰り道，その人に自分の経験を教えてあげました」

＊　＊　＊

その後C子さんは夫と離婚して，いまでは1人暮らしをして働いている。離婚に際して夫はかなり抵抗をしたが，シェルターで紹介された弁護士の活躍と長男からの多くの証言によって，それなりの慰謝料を獲得できた。

C子さんの日課は，仕事が終わってから週に2回，過去の自分と同じような状況にある女性の自助グループに参加することだ。そこではすっかり中心メンバーとなっているようだ。

「当事者である」という自覚をめぐって

3つの事例をどう読むか

◎当事者性をもたないという不思議さ

　この章で述べた3つの事例を，タイプ分けして比べてみよう。何を基準に分けるのか。ひとつの視点が「当事者」という言葉である。

●**A子さん**……当事者の自覚あり，しかし夫のもとに戻る
　A子さんはDV被害の当事者であるという自覚をもっていた。しかし，みずから殴る夫のもとに戻っていった。
●**B子さん**……当事者の自覚なし，夫と離れない
　B子さんはDV被害の当事者であるという自覚がなかった。一貫して「娘のために」という動機によってのみ行動決定がなされた。そして夫と離れずにいる。
●**C子さん**……夫と離れているうちに，当事者の自覚をもつ
　C子さんは，当事者の自覚がないままに夫のもとから逃げてきた。加害者から離れているあいだに適切な介入・援助がなされ，最終的にはDV被害者の当事者の自覚をもつに至った。

ここで「当事者」という言葉について説明しておこう。

この言葉は英語に訳すのが実に困難である。きわめて日本的な言葉といえるだろう。それでもあえて英語で表現すればactive participantとなり，「当事者性」とはsense of active participantと，「当事者である自覚」はawareness of being an active participantと表現できる。

つまり英語圏においては能動的に自分のこととしてかかわるということは当然の前提なのであるが，わが国においては，とくに女性にはこれが乏しい。したがってあえて「当事者性」という言葉が必要になるのだ。簡単にいえば当事者とは，「わたしのことと感じている人」「わたしの問題だと考えている人」のことである。DVの場合は「被害者であることの自覚をもつ人」が当事者である。

たとえば選挙権の行使においても，まるで他人事（ひとごと）のように考え棄権してしまうといった「当事者性の不在」がしばしばみられる。しかしそのことで本人が目立った不利益をこうむることはない。ところが暴力をふるう/ふるわれる，虐待する/されるといった暴力的関係において，ましてみずから殴られ被害を受けている最中の人に，なぜ当事者である自覚がないのだろうか。

とくにB子さんの事例を読んで，そう思われた人は少なくないだろう。この不可思議さ，この謎こそが本書を書くわたしの最大の動機であった。

◎援助者が陥りがちな錯覚

DVや虐待に関する多くの本を読んでいると，ある錯覚が生じる。それは，「DVや虐待を受けている人たちは例外なく現在の状況を逃れたがっており，逃げなさいと言われればすぐにでも逃げ出す」という思い込みである。それは錯覚に過ぎないことを指摘しておこう。

実はこれがいちばん重要な点である。A子さんの事例にもあったように，殴られていながらわざわざその状況に戻っていく人たちは多い。わたしの臨床経験からも，そのような女性のほうが多いとすら思える。

しかしA子さんは，それでも自分がDVの被害者だという自覚をもっていた。それはいまから考えても実に稀なことだったと思う。当事者の自覚をもちながら，あえて現状を続けることを選択したのだ。

それと対比してB子さんの事例を見てみよう。彼女ははたして自分がDVの被害者だと思っていただろうか。読んでいただいたとおり，主訴は娘のひきこもりであった。彼女の望みはただひとつ，娘が人並みに結婚してくれることだけだった。夫のアルコール依存症に対しては困っていたものの，夫の暴力については主訴のうちにも入っていない。

つまりDVという視点は，わたしという援助者にはあってもB子さんにはない。もちろん「夫からの暴力をDVと呼びます。あなたはDVの被害者なんですよ」として指摘されるまで，彼女の世界には存在もしていなかったのだ。

しかしその言葉を何度も耳にしながらも，B子さんは決して当事者にはならなかった。

「あ，そうですか。ドメスティック・バイオレンスというんですね。本当にそれってうちのことですわ」

こう朗らかに言いながらうなずいた。

「わたしは被害者っていうことになりますね」

笑みを絶やさないで大きな声でそう言うB子さんを見て，「ああ，この人は他人事のように語っている」とそのとき感じたのだ。言葉を与えられることと，それが自分のこととしてストンと胸の内に落ちることはまったく違うのだと思い知らされる思いだった。

◎アメリカ直輸入解説本は「当事者性の不在」を知らない

このように，家族の中の暴力は不思議なことに，

(1) 殴っている人は加害者と自己認知していない

(2) 殴られている人は被害者と自己認知していない

といったことがしばしばおこる。

つまり「DV の当事者と自覚している人はどこにもいない」という奇妙なことがおきているのだ。

虐待でも実は同様なことがおきている。わが子を虐待死に至らしめた父や母たちは，みずからを「子どもの虐待者である」と自覚していただろうか。親たちは例外なく「子どもが言うことを聞いてくれなかった」「なついてくれなかった」「自分なりにかわいがっていたのに」と述べるのである。そこには当事者はいない。まして 2 歳で殺された子どもに，被虐待児としての当事者性は自覚されてはいない。

暴力に対する多くの解説本（そのほとんどは家族内暴力の先進国とされるアメリカの文献に依拠している）が，加害者も被害者も当事者性を自覚していることを前提にして書かれている。これはわが国での状況に，いささかそぐわないのではないだろうか。片手落ちとさえいえる。

つまり最大の課題はまず被害者としての自覚，すなわち「DV 被害者の当事者である」という自覚を形成することではないだろうか。わが国の多くの援助の現場では，おそらくそのことが最大のネックになっているのではないだろうか。

DV について講演を頼まれることも多い昨今だが，行く先々で保健婦さん（それもきわめて熱意に満ちた）から聞かされる苦心談は，ほとんど B 子さんのような事例についてである。

「アルコール依存症の夫から殴られて，何度も乳飲み子を抱えて逃げ

出した女性がいるんです。わたしが家庭訪問をしてシェルターを紹介しても，でもダメなんですよね。けっきょく『そんなこと無理だ』ってことになっちゃうんです。理由は『だってあの人，やっぱりわたしがいないとだめなの』ですよ。ほんとにそんなケースが多くてもういったい何なんだって腹立たしくなってしまいます」

B子さんはわたしがいくつかの臨床経験にもとづいて典型例として構成した人物だが，実例よりもリアルであるという自信がある。おそらく，このような女性は膨大に存在しているだろう。そしてあらゆる援助者が手を焼き，やがてあきらめ，けっきょく無力感に陥ってしまっているのではないだろうか。

以上，3事例を「当事者性」を軸に述べてきた。

当事者性をもっていたのに夫のもとに戻っていったA子さん，もたないままのB子さん，もたなかったのに最後は当事者性を獲得したC子さん，である。

家族の中の暴力も，一般の暴力と同じように「加害・被害の関係にある」という自覚がなければ状況は変わりようがない。愛情だ，しつけだ，当然の報いだ……などというとらえ方と，それを加害・被害という枠組み（パラダイム）でとらえるのでは決定的に異なる。「自分は暴力の被害者だ」「自分は加害者だ」と，すでにそのような枠組みでとらえている人であっても，自分ひとりで状況を変えることは困難だろう。ましてそのような自覚をもたない，つまり当事者性をもたない人にとっては暴力的関係は変わらないのだ。

当事者性をもたなければ外部に援助を求めることは困難である。援助者の側も，求められなければ従来は動かなかった。しかしそのような姿勢が被害者に対して重大な人権の侵害と生命危機をもたらすことは，すでに多くの事件で明らかになっているのだ。

したがって「当事者性のなさ」こそが，外部からの介入を必要とし，正当化し，要請しているのである。みずから援助希求をしない人たちであるからこそ，介入が必要とされるのだ。

次章では，多くの援助者にとっては従来ときわめて異質なかかわりであるだろう「介入」について，詳しく述べることにする。

こう介入する III

介入❶

介入は正当だ

◎DV・虐待にはアディクションアプローチで行く

「介入」とはその字のとおり，ある事象，もしくは関係のなかに入り込んでいくことである。この言葉は依存症＝アディクションの治療の世界では日常的に用いられている。となると，DV・虐待とアディクションはどんな関係にあるのだろうか。

児童虐待にあたる英語は，child abuse である。abuse とは abnormal use（常ならぬ使用，乱用）を指す。つまり虐待とは「子どもの乱用」のことなのだ。従来は主としてアルコールや薬物に対して abuse＝乱用という言葉が用いられてきた。依存症とは習慣的な abuse ともいえる。

このように，そもそも言葉のつかい方からみても，アルコールに代表される依存症と虐待との近似性は当然の前提なのである。つまり虐待はアディクションのひとつなのであり，本書でも家族の中の暴力に対してアディクションアプローチを基本にしていることを再確認しておきたい。

さて，アディクションアプローチの基本的概念は次のものである。

●イネーブリング
●底つき
●本人・家族の区別の無効性

●自助グループ

ここから見えてくるものは，①家族(周囲の困っている人たち)が対応を変え，本人を支えること(イネーブリング)をやめることがまず必要である，②そうすると本人が困り“底をつく”だろう，③それによって嗜癖行動をやむをえず修正せざるをえなくなる，というおおまかな道筋である。したがってそのような状況に本人を追い込むことは正当であり，それは一種の強制力の行使でもある。

◎介入は，何を根拠に正当化されるのか

DV と虐待をくらべれば，介入という言葉は，圧倒的に虐待において用いられることが多い。親から殺されない前になぜもっと早く子どもたちを分離させなかったのかと，マスコミは事後的に児童相談所をはじめとする関係機関を責めることも多い。そこでは介入という言葉はまるで切り札のように用いられる。「伝家の宝刀」というか「正義の味方」であるかのようだ。

しかしわたしは，介入という言葉を耳にするたびに，またみずからもその言葉を発するたびに，「はたしてこれは正当なのか。正当化されるとすればその根拠はいったい何なのか」と自問自答を繰り返してきた。虐待に関する多くの専門書は，アメリカにならって，介入という行為を当たり前と考えすぎているのではないだろうか，と。

当たり前のように唱えられる「命を守る」という根拠が，万人の同意を得ることはよくわかる。しかし命の危機がない虐待もある。まして援助者はそのような虐待に対しても，プライバシー，親権といった従来侵すべからざる壁を突破して介入していかなければならないのだ。

従来の心理学，精神医学において，介入に対するわたしのこのような

疑問に回答を与えてくれるものは(少なくともわたしの知る限りでは)なかった。そんなわたしにとって何より参考になったのは,『人道的介入——正義の武力行使はあるか』(最上敏樹著,岩波新書,2001年)である。これは,コソボやソマリア,さらには最近のアフガンに対する武力介入に対して書かれている政治学の本である。

家族の暴力にかかわるなかで発見されたことのひとつが,家族の問題は政治の問題,さらには国家間の問題と相似形であるというものだ。政治や国家というマクロな権力関係と,家族というミクロな権力関係が通底しているという発見である。とすれば,政治について書かれていることが「家族の暴力」に対してもヒントを与えてくれたことも不思議ではない。

◎子どもの人権を守る義務

イギリスの国際政治学者,アダム・ロバーツの定義によれば「人道的介入」とは,「ある国において,住民に対して大規模に苦痛や死がもたらされているとき,それを止めることを目的として,その国の同意なしに軍事力をもって介入すること」(同書10頁)であるという。

これにならえば虐待への介入とは,「ある家族において子どもに対して苦痛や死に至るような暴力が与えられているとき,その子どもを救うことを目的として,親の同意なしに公権力をもって介入すること」であるといえよう。

虐待への介入を正当化するものは,最終的には,虐待は子どもの「人権」の侵害であるという視点であろう。一方的弱者,無力な子どもであっても人権を有している。成人し,みずからの生活の糧を得ることができる人はみずからの人権を主張し,侵害を拒否できるが,生まれたばかりの子どもにはそれができない。したがって周囲の人々はその無力さに比例して，その子どもの人権を守るという努力を強いられる。

それは，「かわいそうな子どもを虐待から守り，救ってあげる」という虐待のとらえ方とは一線を画している。その子どもが生存したときからもっている権利，すなわち人権を守るのは，周囲の「義務」でもあるのだ。無力で受動的な存在だからこそ，みずからの人権を守るよう周囲に対して能動的な発動をおこなっているのだ。

◎暴力はふるってもふるわれてもいけない

虐待に関してはこのように，「人権」というすでに聞き飽きたような言葉が介入の正当性を根拠づけている。では DV においてはいったい介入とは何なのか。両性の合意によって成立している婚姻関係への介入は，虐待への介入と同列では論じられないのではないか。

「DV は犯罪です」というスローガンが一般的に用いられる。それは正しい。実に明確でもある。それを告発調にならないようにあらためて表現しなおせば，「人は他者から暴力をふるわれてはいけない」ということであり，同時に「人は他者に暴力をふるってはいけない」ということなのだ。

殴られる側に立ってみれば，殴られることによって人はどのような影響を受けるのか，習慣的に殴られることでその人はどのように変えられていくのか――それは計り知れないものがある。また殴る側に立ってみても，殴るという行為がどれほどその人の言語能力を奪い，殴ったことがどれくらい醜悪なパワー幻想をその人に与えるか，あるいは人によってはどれほど殴った人自身が傷ついているのか。

国家間の戦争については多くの論評がなされ，テロリズムについても論じられているのに，家族の中での戦争，テロリズムについてはその解明はまだ端緒についたばかりといっていいだろう。

◎家族の中で「人権擁護」「暴力反対」をいう意味

介入正当化の根拠を突きつめれば，けっきょくそれはどこか聞き飽きたような「人権の擁護」と「暴力を許さない」というスローガンと重なってきてしまう。それらの言葉が空疎と感じられてしまうのは，現実の具体的事象に対する有効性が実感できないからだろう。

さらにもうひとつ，重大な論点がある。少なくともこの2つのスローガンは，これまで社会的諸問題，政治的諸問題に対してのみ使われてきた。しかしDV・虐待においては，それをきわめて私的な閉ざされた親密な関係——家族——に対して用いようとしているという点だ。

これはかつてないことである。

わたしは今あらためて，「人権を守る」と「暴力反対」という“社会的”な言葉が，家族の中で用いられるようになったという現実に目を見張る思いがしている。

介入❷

介入の基本

◎「困っているのは誰か」を知る

家族成員のなかに「困った」と声をあげる人が存在しないのが，暴力事例の特徴である。これを本書では「当事者性の不在」と呼んだ。では，困っている人が家族内にいないときは誰がクライエントなのか。

そんな場合は，援助者が困っているのだから援助者自身がクライエントである。困っている人，つまりクライエントを探している援助者自身がクライエント，ということである。「あれは虐待ではないか，DV ではないか」と思った援助者が，誰かに相談する。そこから徐々にこの家族のなかでおこっていることが「事例化」していく。事例化させるまでが介入の第1段階である。

◎イネーブラーを動かす

家族は第3者(外部)が介入しない限り，根本ではそれなりの安定を保っている。安定を保っているあいだは変化しない。したがってどこかを動かさなければならない。たとえば机の4本の脚の1本を切ればその机は使えなくなるだろう。机は脚によって支えられていたのだからだ。このように今ある安定を支えているものを見出していくこと，これが「イネーブラーの発見」である。

発見の最大のポイントは，家族と外部との関係にある。たとえば子どもと学校，母親の受診先，父親の勤務先などである。それら外部との関係を点検し，その家族にとって（加害者にとって）なくてはならない「必須の関係」を見つけ出す。

生活保護受給者であれば福祉事務所との関係であろう。またアルコール依存症の親であれば医師との関係であろう。薬物依存者であれば薬を買うお金であり，そのお金を与えている人である。

これらはイネーブラーといえる。加害者にとってなくてはならない必須のものを提供していることは，根本的なところでその暴力構造を支えていることになるからだ。

これを点検し，イネーブラーを見つけ出せば，それを動かすことで加害者が動く可能性が出てくる。

◎選択肢を狭めることで誘導する

アルコール依存症であれば，適当に飲んでいけることが当面の本人の希望である。なぜその希望が実現するかといえば，適当に飲んでいけるための金銭やケアを提供する者がいるからだ。したがってそのイネーブラーの行動を変えることで，その可能性を絶つのである。

このように選択肢を狭めることで，「治療するか，飲んで家族を失うか（クビになるか）」という二者択一までに誘導される。いわば生か死かのギリギリの地点に誘導して，あたかも本人の意思がそれを選ばせたかのように見せかけるのが介入のポイントである。

この方法はDV加害者に対しても，「妻と別れるか，DV加害者としてカウンセリングに行くか」という選択肢提示として，しばしばおこなわれる。たとえばこうである。

まず妻が突然子どもを連れて家を出る。その際，次の内容の置手紙をする。

(1) あなたの行為はDVです。もうこれ以上あなたからの暴力を受けたくはありません。したがって家を出ます。

(2) あなたがもし下記の機関でカウンセリングを3か月間受けてくれるのなら，その後もう一度話し合う機会をもってもいいと思います。

(3) ぜひカウンセリングをを受けてください。

われわれのカウンセリングセンターを訪れる加害者の男性は，ほとんどがこのようなプロセスを経ている。

◎条件づけをいとわない

このような置手紙は，いわば条件づけである。多くの援助者は条件づけをあまり好まない。姑息で卑怯な手段と思われやすいからだ。しかしそれでしか状況を動かせないとしたら，それをやるべきなのだ。

さて，現在の好ましくない状況を支えている「必須の関係」とはどんなものだろうか。多くの場合，医療か，金銭かのいずれかである。

なかでも金銭が絶たれるのは誰もが困ることであろう。生活保護受給であれば，この権力を「公」が握っていることになる。その受給に際して「条件」をつけることで，本人を動かすことができるだろう。「金を出すから○○しなさい」「○○をしたら金を出す」という条件づけは，援助職にとって恥ずかしいことでも卑怯なことでもない。本人の行動を変える大切な方法である。

また医療は，診断という行為によって子どもを医療機関に入院させることもできるし，その逆もまた可能になる。被害者を分離するときに最大の武器になるのが，この医師による「診断」と「入院」という方法である。

◎「隙間」を発見する

子どもの一時保護において，家庭に入っていくタイミングがむずかしい場合がある。玄関から入ろうとしても，中から閉ざされていればおしまいだからである。

しかしどんなドアも開くときがある。映画『マルサの女』ではお手伝いさんがゴミ出しに出てくる瞬間をねらった。家族の扉が閉ざされているときは，それが一瞬開かれるときをねらって入っていくのである。児童相談所のスタッフは，上の子の下校をアパートの柱のかげで待ちつづけ，「ただいま」とドアを開けた瞬間に重なるようにしてその家に足を踏み入れるのだという。

まさに「介入」としかいいようのない行動だ。家族の扉は強制的に開けることができないため，いかにして現行法の許される範囲で家族に入っていくかが，現場では四苦八苦されているのである。

介入❸

被害者への介入方法

DVを中心に

◎ DVは多くの場合，被害者への介入しかない

加害・被害のパラダイムを前提とすれば，どちらを対象とするかによって介入のかたちも当然変わってくるだろう。

しかしDVの場合，加害者に介入することは，ほとんど不可能である。なぜなら，多くの夫たちは「困ってはいない」からだ。金銭的にも医療面においても困ってはいない。加害者の有する社会的権力の強さと介入の困難さは比例するといっていいだろう。したがって殴られている人，つまり被害者を対象とすることでしか，多くのDVケースには介入できない。

しかし加害者にアルコールや薬物の問題がみられる場合は例外である。アルコールの場合は依存症として医療面から，薬物の場合はそれが違法薬物であれば司法面からの介入の余地があるからだ。その意味でも，家族の中の暴力において加害者，ときには被害者にアルコールや薬物問題があるかどうかをスクリーニングすることは必須である。介入のきっかけになるという点において，実に大切な視点だ。

◎ DV介入は，被害者の発見・分離・教育

2001年10月にDV防止法が施行された。これによって各地の女性センターや公的機関などでは，夫からの暴力で困っている女性からの電話相談の件数が増加しているという報告がある。

しかし実は，被害者の女性たちは別の主訴で援助の場にあらわれることのほうが多いのである。その人たちに対して，夫からの暴力の有無を疑うこと，それを問うこと，そして彼女たちの経験に対してDVと名付けることで，はじめてその女性はDV援助のネットワークのなかに入るのだ。

このプロセスを，援助者による《発見》と呼ぼう。発見こそが介入の第一歩である。

しかし発見した後の介入方法は，虐待の場合とは異なる。すでに述べたようにDVの場合は加害者への介入の可能性はほとんどないから，被害者を加害者から《分離》することが重要になってくる（被害者を加害者から分離するという介入そのものが加害者への介入にもなっているのだが，それについては後述する）。

では分離後に必要なことは何だろう。

多くの専門書には被害者のケア（それは心的外傷のケアをさすことが多い）が必要と書かれているが，私はその必要性は認めつつも，あえて何より必要なことは《教育》であると主張したい。

以上，発見，分離，教育がDV介入の大きな流れである。

❶発見

◎ DV被害者はどのような顔をして登場するか

まず最初に，DV 被害者たちがいったいどのような主訴で援助を求めてくるかをいくつかのタイプに分けて説明しよう。

われわれ援助者は，「わたしは DV の被害者です。お願いだから救ってください」という人が電話をかけてきたり，訪れるのを待っているだけでは不十分になる。そのような電話をかけてくる人たち（おそらくは生命危機のある人たち）は氷山の一角なのだから。その人たちに介入し援助していくことはもちろん大切であるが，別の主訴で登場した人を，DV 被害者の当事者に仕立てていくこともさらに重要な課題である。

さて，その人たちはいろいろな顔でわれわれの前に登場する。わたしの臨床経験から 5 つのタイプに分けてみた。

◎タイプ A……夫の暴力をやめさせたい型（教育者型）

この人は，「夫が酒をやめてくれたら」という主訴で来談するアルコール依存症の妻と似ている。彼女たちは「夫になんとか暴力をやめてほしい」と願っているのであり，そのための秘策があったら教えてほしいといって来談する。決して「わたしは夫の暴力の被害者です。逃げたいんです」とやってはこない。問題は夫の側にあるのであって，自分はその夫を変える方法を学びにきているのである。自分が逃げたり，自分が家を出るなどということを考えてはいない。
「夫を変えてほしいんです。その方法があるでしょうか。だって彼にもやさしいときがあるんです。四六時中殴っているわけではないんです」
そう言う彼女の顔が紫色に腫れ上がっていたりする。

◎タイプB……夫がかわいそう，救ってあげたい型（救済者型）

この人もタイプAと似ているが，もっと手が込んでいる。彼女たちはこう言う。
「あの人はかわいそうな人なんです。わたしを殴るのも愛情に飢えているからでしょう。だからなんとか救ってあげたいんです。それができるのはわたししかいないと思うんです。だってあの人はわたしを離れては生きていけないんですから」
こう言いながら，殴られつづけている人は多い。例外なく精神医学や心理学の勉強をして，夫の詳しい生育歴なども資料として持ってきたりする。夫の暴力がひどくなればなるほどその救済願望が強くなるようにすら見える。彼女たちは決して逃げたりしない。なぜなら，逃げれば夫が苦しむと思っているからだ。

◎タイプC……夫を苦しませたい型（復讐者型）

この人は一見被害者としての当事者性をもっているかのように見える。シェルター入所を希望し，別居や離婚まで覚悟しているような発言をする。なかには弁護士までも依頼済みのケースすらある。しかし彼女たちをそこまで突き動かしているのは，一刻も早く夫から離れようという動機ではない。

「あの男はいまごろ苦しんでいるはずだ。わたしがいなければどれくらい困るかがやっとわかっただろう。いい気味だ。あの男が苦しんでいると思えばこそ，こうやって家を出た甲斐があるというものだ」

これは復讐心なのだ。ときにはこっそり自分の家の近くに戻り，夫が憔悴して暮らしている様子を探りにいく人もいる。

この人たちは，夫がいっこうに平気であったり，新たな女性を見つけたりすると，深刻な挫折感を味わう。その結果再び夫のもとに戻り，従来のDV関係を再現し，パワーゲームを始めることが多い。もしくは，夫が「おまえがいないと生きていけない」と死にそうな声で電話をかけてくると，「やっぱりわたしがいなくては」と勝利感に満ちて戻っていく。

◎タイプD……わたしが悪いんです型（自罰型）

このタイプの人たちはほとんどが，自分の性格や対人関係の問題や，夫婦関係がうまくいかないといった主訴で訪れる。よく話を聞いてみると，かなりのケースに夫からの暴力がみられる。彼女たちはこう言う。

「夫があんなふうになったのも，わたしが悪いからじゃないでしょうか。わたしが親の愛情を知らずに育ったから，だから夫を愛せなくてこんなふうになってしまったんじゃないでしょうか。わたしは変わりたいんです。そしてもっと夫を愛し，夫から愛される女性になりたいんです」

すべての苦痛，うまくいかないことの理由を，自分の至らなさ，自分の性格などに帰して整理をして堂々めぐりに陥っている人たちだ。

◎タイプE……わかってはいるけどできない型（被害者自覚型）

この人たちは第II章のA子さんの事例のように，自分が受けてきたのが暴力に違いないことを自覚しており，なおかつ逃げたり離れたりすることしか方法がないということもわかっている。つまり当事者性をもっているのだ。

しかしDVの被害者であることを自覚していても，現在の社会資源や家族の状況のなかでは，暴力の場であることを知りつつ再度自宅に戻っていくのである。

◎「発見」し，「名付け」ることによって，物語が変わる

このようにDVの被害者は多様な顔をしてわれわれ援助者の前にあらわれる。そこにDVを「発見」するのは，われわれの役割である。

そして「あなたの夫の行為はDVです」と名付けること，また「あなたはDVの被害者なんですよ」と名付けること，従来は名付けられずにいた行為に「DV」という名を与えること，ここからすべては出発する。名付けることでその行為の意味，ひいては前後の物語も変化するからだ。たとえば，

「わたしのものの言い方が悪かったので，夫がかっとなってわたしを殴った」が，

「あれはDVと名付けられる暴力だ。口で表現すべきを殴るというのは夫の側の問題だ」

といったように変わってくる。

名付けた後に，その人たちが当事者として動くかどうかは次項からの課題である。しかしDVの「発見」，DVとしての「名付け」は最低限

必要な行為であり，義務でもある。

わたしたちアディクション関係者は絶えず家族の，父親のアルコール問題を疑ってかかる。同様に，親子を見たら虐待を，夫婦関係の問題にはDVを疑ってかからなければならないだろう。そうでもしなければDVは「発見」できない。

❷分離

◎暴力をやめさせることはできない

加害者と被害者の両者がいるのならば，どちらに対してアプローチをすればいいのだろうか。

これまでの常識は，加害者へのアプローチを優先するというものであろう。当の暴力をふるっている本人を，なんとか暴力をふるわないようにさせることである。「原因は何か」「原因を除去すれば解決する」といった因果論に立脚したとらえ方からすれば，暴力をふるっている人をふるわないようにさせればいいということになる。従来の医療はこのアプローチに荷担してきたといえる。

1970 年代に始まる「思春期の対親暴力」への対応は，このパターンの典型であった。多くの親は 110 番で警察の力を借りようとしたり，なんとか精神病院に入れようとしたのだ。

たしかにこれもひとつの介入であることは間違いない。しかしこのやり方は，暴力をふるわれている側がふるう側より圧倒的に権力を有している場合にのみ成立する。もしくは常識的に考えて「おかしい」暴力だから成立するのだ。「親が子どもを殴る」のは常識の範囲であり，「子どもが親を殴る」のはおかしいことなのだ。だから子どもの暴力を制圧できない親が常識という援軍を行使し，医療の力を借りて子どもを「治療」させるのである。

しかし，暴力をふるわれている側が圧倒的に弱者の場合はどうだろうか。このような解決は不可能になる。むしろ暴力をふるう側を変えよう，なんとかふるわないようにさせようとするあらゆる行為は，結果的にはさらにそれを激化させることになる。

したがって最も確実で最も明快な方法は，暴力をふるう人から離れることなのである。「暴力をふるわないようにさせることはできない」と断言することである。つまり，被害者が加害者から逃げるという方法しかないのである。

◎したがって分離しかない

このため，とくにDVにおいては加害者を変えるより被害者を分離させるアプローチが介入の主目標になる。被害者が，加害者から離れられれば暴力は受けなくてすむ。誰でもわかる，この簡単な事実を実施させるアプローチである。

いま“簡単”と述べたが，シンプルなことほど実現するのは困難である。アルコール依存症についていえば，「酒をやめる」といったシンプルなことがいかに困難かはいうまでもない。それと同様に，加害者からの分離は実に困難をきわめる。

虐待の場合についても，子どもを養護施設に入れることが「分離」であるが，それに至るまでの方法論，戦略の困難さは本章「介入❹」の事例（p. 105以降）を読んでいただければ明白だろう。

しかしまた虐待の場合は，子どもが対象であるという点において，分離という強制力は行使しやすい。ところがDVは成人が被害者であるため，その人を強制的に加害者から分離させるにはそれなりの工夫を要するのである。

◎「逃げること」の積極的意味を被害者に伝える

分離とは往々にして，逃げることとしてとらえられる。たしかに「暴力からは逃げることが大切だ」とはすでに多くの人が述べており，なかば DV における常識とさえ考えられている。

しかし被害者にしてみると，「逃げる」という表現のもつ消極性と，さらに逃げてからどうなるのかという不安，いったい本当に逃げられるのかという不安が重なって，なかなか踏み切れないのも事実である。

したがって，分離することの積極的意味を，次の 2 点にわたって援助者がまず十分自覚していることが必要である。

❶被害者側の意味

被害者にとって加害者から離れることは，暴力を受けなくていいことであり，それは安全な場に自分をおくことである。この安全な環境にとりあえず身をおくことが心身に大きな変化をもたらす。それは好ましい変化であることはいうまでもない。暴力の危険性のある場に身をおいていることはその人自身が自分を傷つけていくことである。そして，その分離している時間は長いほうがいい。

❷加害者側の意味

加害者は，被害者が暴力を受けつつも自分から離れない限りは困らない。加害者が困るのは被害者が自分のそばからいなくなることなのだ。加害者は被害者を必要としており，依存しているのである。したがって，被害者が「逃げる」ことではじめて加害者が変わる可能性が生まれてくる。これは加害者への介入でもある。

このように「分離」は，第1に被害者を安全な環境に移すという意味と，第2に加害者が困り援助者の前に登場するきっかけをつくる，つまり唯一の加害者への介入という意味がセットになっているのだ。

この二重の効果を熟知していること，とくに第2の，被害者を分離させることを同時に加害者への介入に使っていくことが援助者の役割である。これができることが「DV援助者の資格」である，とさえ言っていいだろう。

したがって援助者は確信をもってこう伝えなくてはならない。

「あなたがいま逃げる勇気をもつことで，あなた自身が安全な場所で休むことができるでしょう。そしてその行動によってあなたの夫も変わる可能性が出てくるのです」

それは一種の指示であり，ときには毅然とした命令でなくてはならない。

◎加害者との接触を絶つための強制力

さて，このようにして分離したあとに必要なことは，外部(加害者)との接触を断つことである。電話を禁ずること，携帯電話をとりあげること，外出を禁ずることなどによって，外部の加害者と完全に分離させることである。これはいわば「監禁」である。

加害者の追ってこられない場，つまり安全な場であるためには隔離されていること，決して加害者にわからない場であることの保証がまず必要だ。これに加えてなぜ「監禁」の必要があるのだろう。

それは分離後孤立してしまえば，被害者には容易に「対の関係」，つまり加害者との生活に戻ろうという衝動にも似た感情がわくからである(詳しくは第Ⅳ章❶❷を参照)。被害者自身のそのような動きを封じるためにも，被害者の自由を奪う「監禁」「拘束」といった強制力が必要になるのである。

◎時間の効果――離れている時間は長ければ長いほどよい

離れていることの効果には絶大なものがある。それは時間による効果ともいえよう。離れる時間が長くなればなるほど，被害者の変化がもたらされるのである。その時間は，山あり谷ありといった動揺を含みながら推移していく。

この「時間に対する確信」は，アルコール依存症者がとにかくアルコールをやめているだけで変化していくのを目の当たりにしてきたわたしの経験にもとづいている。「アディクションとしての暴力」という本書の基本からしても同様のことが期待できるだろう。分離の時間の長さとしては，最低 3 か月は必要である。新たな行為が習慣として定着するのに 3 か月はかかるからだ。これもアルコール依存症の臨床経験にもとづいている。

❸教育

◎強制であり，教導であり，洗脳である

DV 被害者という当事者性を獲得するには，さまざまな障害があった。代表的なものは従来の家族観である。夫からの暴力は暴力ではないというとらえ方がまだまだ一般的には優勢である。家族の中に暴力という言葉はそぐわないと考える人たちも多いであろう。そして「女の人生」において，結婚生活をまっとうすることこそがアイデンティティの根幹をなすとさえ考えられている。

このような DV 被害者である女性たちに対して，「それはあなたの選択ですからお好きにしてください」という対応をするならば，われわれ援助者としては一見相手の主体性を尊重しているかに見えるし，仕事量も増えない。

しかし DV 被害者であると援助者側からは見えていても，「発見」の項で述べてきたように，本人はそのようには思っていないのだ。そこで援助者は，その女性の主訴(夫を変えたい，自分の悪いところを改めたい等々)をいったんは肯定し，その方向で援助するように見せて，DV 被害者としての当事者性をもたせるべく彼女たちを教育していく。

それは，近代的個人の「自己選択」「自己責任」という論理を超えた行動である。ある種の強制であり，教導であり，さらにいえば洗脳ですらある。そのようないわば彼女たちの選択を超えた，援助者の“越権行為”を正当化するものは何か。それは，暴力を受けつづけることを容認

してはいけないというシンプルな一点である。

暴力は他者から自己に対する侵入であり越権であること，それを許容しつづけることは自己を破壊させ，プライドを壊し，腐敗させ，さらには弱い他者への支配者として転化していくということを植え付けなければならない。暴力を受けつづけることを自己選択する人に対して，援助者は“越権”して彼女を洗脳し，「それをやめるべきだ」と教育するのだ。

◎「あなたの味方」であることを明確にしつつ教育する

そのためには援助者は必要悪であることを意識しつつ，指示的な態度をとることが求められる。指示的であると同時に「わたしはあなたの味方です」という態度が必要である。

「（同じ女性として）あなたが殴られることを『納得できない』『ひどい』と感じています」

たとえばこのように率直に伝えていくことが何より肝要である。

権力関係において発生している暴力にかかわる援助者は中立ではありえず，誰の立場に立ち，誰の味方をするのかという立場性を明確にすることが求められる（p. 158 参照）。これは言うまでもなく，虐待においても同様である。

教育は講義形式で，ノートに筆記し，質問も受け，受講者の個人的経験と講義内容が乖離しないようにする必要がある。このやり方は，アルコール依存症の入院治療における教育プログラムをモデルにしている。わたしは私立の精神病院で 10 年以上にわたりアルコール依存症の入院患者を対象としたプログラムを実践した経験があるが，まず教育から始めるというわたしの信念はこの経験から得られた。

教育の内容は，次の柱から構成される必要があろう。

◎教育のポイント❶……体験に新たな名前（言葉）を与える

彼女たちにまず伝えるべきことは「DV/ドメスティック・バイオレンス」という言葉である。つまり，彼女たちの受けた苦痛は夫の「暴力」によるものだと明快に名付けることである。そして夫は「加害者」であり，つまり彼女たちは「被害者」であると名付けるのである。

これを繰り返し伝え，「夫に殴られたんです」と言う女性に対しては「あなたの夫は暴力をふるったということですね」と言い換える。これまでのドミナントな言説で醸成された言葉をひとつずつオルタナティヴな言葉へと変換していくのである。

◎教育のポイント❷……家族は愛情共同体ではない

家族が「愛情共同体」であるといった常識（ドミナントストーリー：p. 27参照）を解体することが必要である。夫婦関係の認知は従来の常識によって規定されている。その前提を変えない限り，殴られている女性の敗北感，見捨てられ感，弱者であるといった感覚は変わらないだろう。

できれば，女性学や社会学で論じられている「近代家族論」を嚙み砕いて説明することが必要であろう。つまり「あなたたちが当たり前と思っていた家族は，たかだか200年くらいの歴史しかないんですよ」ということから始めるのだ。そして，夫と子どもと形成する家族は変えることはできない，そんなことは当たり前だといった従来の常識を崩すのである。

◎教育のポイント❸……オルタナティヴを提示する

しかし崩せばいいのかというとそうではない。崩すということ，ドミナントな考えを崩壊させるならば同時にオルタナティヴなものを提示しなければならない。

なぜならこのように情報に満ちあふれた時代にあっても多くの女性たちは，たったひとりの男性と結婚し(それは愛によって結ばれるという幻想を基本としている)，配偶者である男性とつながることによって，社会に参加し所属すると思っている。ということは配偶者つまり加害者と離れるということは社会の所属を失うことであり，つまりアイデンティティを失うことでもあるのだ。よりどころを失うことへの不安は，おそらく言語化できない不安である。

そのことを援助者は十分前提としなくてはならない。加害者である夫から離れることは，このようにアイデンティティの危機を覚悟してのことなのだとわかっていなくてはならない。またそうでなくては，分離できた人の勇気をほめたたえることはできないだろう。

逆説めいているが，自立を志向する女性ほど，つまりしっかりしたプライドの高い女性ほど配偶者をもつことによる所属感に自覚的である。したがってそれを失うこと，よりどころを失うことへの不安も大きいのだ。第II章「事例❶」のA子さんがなぜ夫のもとへ戻っていったかは，実はこのように説明することができるのではないだろうか。

したがって教育において示すべきオルタナティヴとは，ひとりの男性とつながることで得られる所属感以外の可能性を提示することである。つまり夫がいなくても幸せに生きることができることを伝えることである。

もちろん，なかには新たな結婚を望む女性もいるだろう。その人に対しては「世の中殴る男ばかりではない」ことを伝える必要もあろう。その場合，当事者の体験が何よりの説得力をもつ。ときにはそのような人の体験を聞く時間などを設けることも効果がある。

◎教育のポイント❹……免責性の強調

「あなたたちは被害者です」と伝えると同時に，「被害者に責任はありません」と彼女たちの免責性を強調することが必要である。

敗北者，敗残者といった否定的な自己認知の根底にあるのは，「自分にも責任がある」というとらえ方であり，それこそが世間一般のドミナントな「殴られるほうも悪い」というストーリーのことである。突きつめれば最終的に「あの夫を選んだわたしの責任」という論理的帰結から，夫から離れることを罪悪視する女性はかなり多い（それを聞くたびに自己責任論というのは，強者（男性）より弱者（女性）においてより強固に浸透しているのではないかと思わされる。殴っている男が自分の責任を問うことはきわめて稀だからである）。この免責性も繰り返し投げ返していかなければならない。

これらの教育によって女性たちは，ゆえなき罪悪感と，それが反転した「夫のもとに戻って助けてあげなくては」という万能感，さらには夫とのパワーゲームから少しずつ解放されていく。

◎ナラティヴ・コミュニティの有効性

上記の教育の内容を効率的に学習するためには，グループをつくることが必要になる。教育の効果的遂行，つまり受講者からすれば学習効果を上げるためには「集団」が有効なのである。

さらにもうひとつは，みずからの体験を新たなパラダイムによって，つまりDV被害者の物語として整理することである。自分と同じような経験をしている人たちの体験を聞くことで，共感し，言葉を獲得し，感情が動かされる。先を行くモデル的機能を果たすメンバーもいるだろうし，自分の過去と同じ状態のメンバーもいるだろう。

なにより大切なことは，そのグループが「ナラティヴ・コミュニティ」(野口裕二「ナラティヴ・コミュニティとしてのグループ」『集団精神療法』第16巻2号，2000年)を形成していることである。ドミナントな言説を彼女たちに絶えず強制してくる「世間」「常識」は厳然と存在しているのである。それは，絶えず過去へと，つまり夫との関係へと揺り戻そうとするだろう。オルタナティヴな言説を共有しているコミュニティが彼女たちを支えていない限り，そのようなリバウンドは不可避ですらある。

自分と同じことを考えている人，自分と同じ経験をした人，そして夫から敢然と離れている人がこんなにたくさんいるという事実の確認，そこから生まれる「1人ではない」という感覚こそが，妻であり母である女性に強制してくるドミナントな言説・価値から彼女たちを解き放つ力をもつのである。

介入❹

加害者への介入方法

虐待を中心に

◎分離以前におこなうべきことがあるのではないか

前項では被害者への介入方法について述べた。ところでDVも虐待も，家族の暴力には加害者と被害者の双方が存在する。それなのになぜ多くの場合，被害者を救出することだけが「介入」とされるのだろうか。それでは不十分ではないだろうか。

とくに虐待ケースにおいて被害者救出こそが至上課題になっているわが国の現状では，虐待者(加害者)に対しては分離後にケアをおこなう場合がほとんどである。しかしほんとうは，分離する以前に，加害者を対象とした介入があってもいいのはないだろうか。分離したあとの事後的な介入ではなく，分離に至る以前に虐待者を援助者のネットワークに取り込み，ケアをする可能性もあるはずである。

先述した『人道的介入』において最上敏樹氏は，アムネスティ・インターナショナルのピエール・サネ国際事務局事務総長の次の言葉を紹介している。

「もし介入するという政府の意思決定が正義の探求によって動機づけられたものであるならば，なぜ，言葉に表せないほどの不公正な状態にまで状況が悪化することを許してしまうのだろうか」(同書179頁)

これを家族の暴力におきかえれば，分離という“最終的手段”に至ってしまった関係者・援助者の怠慢を衝いたものとして聞くこともできる。「それ以前にやるべきことはあった」とサネ氏は言っているのだ。

つまり武力介入＝分離とは最終的手段であり「やむにやまれぬ」方法なのであるが，それが正当化されるためには，それ以前に加害者に対してやるべきことがどれだけなされたのかが検証されなければならない。

◎介入せよ，上流で

さらに同書から強い印象を受けた言葉について述べよう。

「介入せよ，ただし上流で」(同書185頁)

これはフランスの月刊新聞『ルモンド・ディプロマティーク』の編集長がその一面で述べたものだ。ただしここで言っているのは，単純な武力介入のすすめなどではない。著者の最上氏は，「上流で」には次の2通りの意味がありうるという。

「単に懲罰のための軍事力を編成するということではなく，むしろ，不公正や暴力を極小化する仕組みを追求するということである。[中略] もうひとつは，それほどに構造的な議論をしないまでも 極度の栄養不足や早すぎる死に襲われる子供たちや大人たちを救うために，武力介入以前の介入を積極的におこなうことである」(同書186頁)

これを家族の暴力に引き寄せて考えてみると，「上流での介入」を実践することが，最終的な武力行使，つまりは虐待における強制的母子分離，DVにおける被害者の分離を避けるということになるだろう。そして同時に，「やるべきことはすべてやった」「やり残したことはない」という確信がなければ逆に及び腰になり，最終的手段は実行できないかもしれないのである。

ではいったい虐待における「上流での介入」とは具体的にはどのようなものか。わたしの経験した具体的な事例にもとづいて説明しよう。

＊　＊　＊

ある夜，子どもの虐待についての講演の終了後，聴衆として参加していた保育園園長，保育士，学童クラブ指導員たちがわたしのところにやってきた。

最初はわたしも講演を終了したところでリラックスして聞いていたのだが，聞けば聞くほど引き込まれていき，いつのまにかメモをとりながら聞いていた。

これは特別にあらたまって語られたわけでもなかったし，ましてわたしが関与したわけでもない。しかし実に多くの点で虐待事例としての特色を備えていると思われたので，本書のために「事例」としてわたしなりに再構成してみた。

――――変わった子，変わった親

まず経過を述べてみる。

子どもは公立小学校1年の女児(A子，6歳)，母親は32歳で無職。賃貸の2DKのアパートに子どもと2人で暮らしている。夫とは3年前に離婚し，それと同時に転居してきた。離婚理由ははっきりしない。夫からの養育費は毎月きちんと支払われているが，それはアパートの家賃になっている。残りの生活費は，諸手当と実家からのわずかの不定期な援助でまかなっている。

実家は隣の県なのだが，実母のことをひどく嫌っていてあまり行き来はないようだ。

離婚前後からA子の母親は体調が不振となり，転居してからはうつ状態となる。不眠もひどくなり，精神科を受診した。投薬を受けたのだがいっこうに状態がよくならず，そのうち外出もままならなくなった。それでもなんとかクリニックには通っていた。いつも子どもを連れて受診しているのを見かねた主治医が，保育園に子どもを入園させるようにすすめた。

A子は，4歳で入園した当時は小柄な子どもだった。言葉の発達，生活習慣上，とくに目立った遅れがあったわけではない。ただ給食の食べ方がときとして異様に早かったりむさぼるようだったりしたため，保育士からは「変わった」子として映っていた。

入園当初は母親がきちんと送り迎えしていたのだが，そのうち遅刻が多くなった。迎えのときに保育士が母親と話をしようとしても，なかなか口を開いてくれなかった。そのころから子どもの服装が清潔を欠くようになり，髪も1週間ほど洗わない状態がみられるようになった。

――――園長が送り迎え

保育士たちが心配をしはじめたころ，まったく連絡なく1週間A子が登園しない事態が出現した。心配した園長と保育士が帰路アパートに立ち寄った。

母親はドアから顔を出して「ご心配をおかけしました」と丁重に礼を言った。顔色はよくなかったが，思ったより生活が乱れた様子はなかった。その体越しにA子が保育士を見つめていた。母親に強制されて「こんにちは」と言ったものの，そのまま奥に引っ込んでしまった。アパートの中はドアに遮られて見えなかった。

母親の話によれば，パニック障害のような状態で外出がまったくできなくなってしまったという。思いあまって，大嫌いだった実母(「あの人にだけは世話になりたくない」と強い口調で言った）に来てもらい，買い物と食事だけを3日間頼んだという。子どもについては「テレビを見せておけば何時間でもじっとしている」と，それほど気にも止めないようだった。

2人の訪問に対して母親はきちんと礼を言い，「連絡しなくて申し訳ございませんでした」と何度も繰り返し，今後はできる限り連れていくと約束した。

たまたま園長の通勤途中に母娘のアパートが位置していた。「今日は子どもを送っていけるのかしら」とA子のことが気になって，朝，立ち寄ってみることがたび重なるうちに，いつのまにか園長が送り迎えをするようになってしまった。園長としては，とにかくあの子が元気に園で生活できればという一心からであったという。

園でのA子の遊び方には特徴があった。気に入った友だちがいるとそのそばに近づいていく。相手がいやがっていてもお構いなしだった。拒否されるとその子を噛んだりするので，保育士がかなり注意して見ていなくてはならなかった。ときには保育士のそばをずっと離れないでいるため，おんぶすることもあった。

担任の保育士は，どの子の親ともかなり詳しい連絡帳をいつも交換するようにしていた。なかでもA子の母親にはエネルギーを割いていた。できるだけ母親の不安をかき立てないように，それでいて必要なことは書こうと心がけていた。母親からは「手がかかるものの家ではいい子でいます」「テレビを見てそのまねをして遊んでいます」といった内容が書かれてきた。

文字も文章もしっかりしており，知的な感じさえ抱かせる内容だった。しかしなんとなく保育士からすると表面的な印象があった。

調子がいいときや運動会などの行事には，母親はちゃんと保育園にやってきた。しかし他の母親たちとあまり交流することはなく，孤立した印象があり，担任の保育士，園長としか会話を交わすことはなかった。

――――リストカット

ある朝めずらしく母親が子どもを連れて登園した。しかし子どもが目のまわりに包帯を巻いている。それを見て驚いた保育士に母親は，遊んでいてひっくり返って柱に顔をぶつけてしまったと説明した。夜間だったので救急車を呼んだとのことだった。

保育士が「大変だったでしょ」とねぎらったところ，母親は心底うれしそうに笑った。そんな笑顔ははじめてみるような気がした。

包帯がとれてみると，柱にぶつけたというにしては目に近すぎるのが保育士には気になった。このときはじめて「A 子は虐待されているのでは」という疑いをもった。そしてすぐ園長に「虐待の可能性を感じる」と相談すると，実は園長も同じことを感じていたということがわかった。それまでも小さなけがはしょっちゅうだったし，昼寝でパジャマに着替えるとき，「おや」と思うようなところに痣（あざ）が見つかることもあった。

ある日思い切って，子どもの体にあった痣のことを連絡帳に書いた。「気になっています。なにか心配なことがあれば連絡帳で相談してください」という表現を用いた。

その翌日園長がいつも通りアパートに迎えにいくと，母親が憔悴した顔をして出てきた。手首を包帯でくるんでいる。驚いた園長に母親が語ったのは次のようなことだった。

「連絡帳を見てショックだった。わたしが精一杯やっているのに，この子の不注意のせいでわたしが保母さんから疑われてしまった。そのことを子どもに言い聞かせているうちに手首を切りたくなってしまったんです。わからせてやろうとこの子の見ている前で手首を包丁で切って見せてやりました。血が流れるのを見てこの子は大声で泣き叫んだんです。あまりうるさいんで救急車を呼んで病院にいっしょに連れていきました」

――――わたしのせいでお母さんが……

園長はあまりのことに呆然と聞いていた。A子はショックのせいか無表情で母親の後ろに隠れているようにして立っていた。

手首のけがは軽いものだったらしく，縫合することもなかった。しかしA子のあまりの不安定さに，救急外来の看護婦がそちらのほうを心配したほどだったらしい。

「でも病院にはお礼を言って早めに引き上げてきました。わたしも疲れてしまっていましたし，睡眠薬を飲んで早く寝ようと思ったのですが，この子が落ち着きません。なんとか黙らせるために，ジュースに混ぜて薬を少し飲ませたんです」

園長はそれを聞いた後，とりあえず子どもを母から引き離すようにして登園させた。保育士たちにそのことを報告し，今日一日はしっかりA子のそばにくっついていてあげるように指示した。

A子は登園後はそれほど変わらなかったが，昼寝の前になって，「わたしのせいで，お母さんが手を切って，血を流した」と何度も保育士に繰り返し語った。それは数日続き，遊びのなかで自分の手首をブロックで切るまねをしたりした。

この一件があってから園長は，虐待のケースとしてA子のことを関係者会議で相談しようと提案する決心をした。

――――手厚いケア態勢

会議には児童相談所の職員，保育士，救急外来の医師，園長，福祉事務所の担当者が参加した。しかし子どものけがが虐待によるものかどうかの判断は保留された。児童相談所側からも，いちおう衣服の洗濯もできておりインスタント食品にしても食べさせているのであればネグレクトとはいえず，認定は無理があるということだった。

しかし母親が不安定なことを理由に1か月間，子どもは一時保護所に保護されることに決定した。そのことにすんなり母も同意した。それは意外なほどだった。しかし同時に，自分もかかりつけの大学病院の心療内科に入院したのだった。

園長は，母親の主治医とも連絡をとった。電車で片道45分もかかる大学付属の心療内科に母親は2週間に1回通院していた。保育園入園許可の理由が母親の精神的問題だったから，そのためにも当然通院は義務である。しかし母親は近所の医師でなくわざわざ遠方に通っていた。

そこでの訴えについては守秘義務ということで語ってはもらえなかったが，子どもへの虐待の話はまったく初耳だったようで驚かれた。外来はいつも込み合っているため，それこそ3分診療で終わり，処方薬をもらって帰るというのがいつもの状態だったという。

主治医の意見としては，本人が落ち着くためには前夫からの養育費をもっと増額してもらう必要があるのではないかというものだった。「虐待については当方が関知していないから協力はできないが，経済的安定を優先して考えたらどうか」とのことだった。

――――小学校入学，ふたたび痣や外傷が……

この一件があってから，保育士は連絡帳に母親を刺激することを書くとA子が再び傷つくのではないかと恐れるようになった。自宅に戻った母娘はいちおう卒園まではそれほど大きな事件もなく過ごした。園長の送迎は続いていた。小学校入学に際しては，園長から校長あてにA子のことを報告書に記し，申し送りを特別におこなった。

小学校入学以後は保育園の手を離れてしまうわけだが，園長たちはA子のことがずっと気になり，学童クラブの指導員，担任教師と自主的に連絡をとりつづけていた。

子どもは教室ではいわゆる問題児としてとらえられていた。かたときもじっとしていられず，多動児ではないかと言われはじめていた。そのことを教師が注意すると，突然自分の頭を机にガンガンぶつけて血が出るまでやめなかったりするので，注意のしかたについて教師も頭を抱えていた。

学童保育の指導員は園長からの申し送りをよくとらえていて，母親の相談相手というポジションを守っていた。そして保育園のときの経験も引き継がれており，子どもの多動的行動については母親に伝えることを控えていた。しかしあまりに子どもの様子が落ち着かないので，学校側も限界にきていた。

さらに母親が学童保育の父母会にやってきたとき，大量の処方薬を飲んで，ろれつも回らない状態だったのが指導員にとって驚きだった。だが母親から「先生だけが話し相手です」と言われる関係をやっとつくってきたのに，さまざまなことをストレートに伝えることで，それを壊してしまうのではないかという怖れも感じ，何も伝えていない。そして最近再び，子どもの痣や外傷が目立ってきた。

この事例を聞きながら，わたしがいちばん最初に感じたのが「子ども中心の発想が虐待を維持している」ということだった。以下，なぜそう思うのかについて述べ（❶），次いで私が担当者だったらおこなったであろう具体的な介入方法を示していこう（❷）。

❶子ども中心の発想が虐待を維持している

この事例の保育士・指導員の人たちは実に細かくA子を見守り，職務を超えてまで(送迎などの)援助をおこなっている。そのお陰でA子母娘が「事例」として浮上したことはまちがいない。

しかしその援助が援助として機能しているだろうか。虐待防止として機能しているだろうか。ここで「母親を刺激すると虐待がおこるので，母親はできるだけそっとしておき，子どもの様子を中心としてかかわる」という周囲の姿勢に問題はなかったのかを考えてみよう。

◎熱意があればあるほど子ども中心になっていく

実はこれと似た話を，かつて友人から苦情として聞かされたことがある。彼女は保健所の子育てに関する母親グループにかかわっていた。彼女が言ったのは次のようなことである。

「母親自身の問題に焦点を当てるというより，子どもにとってどんな母としての行動が望ましいか，子どもに対する虐待を防いでいくには母をどのように指導するか，がそのグループの中心になっているみたいで……」

これは，この事例の「子ども中心の発想」と同じではないだろうか。つまり大切なのは子どもが被害に会わないということなのであり，それには母親にどんなことをさせるか(もしくは，どんなことをさせないか)を見張ったり，なだめたり，指導するという発想である。現場で虐待にかかわる保育士，保健婦の人たちが良心的で熱意あふれる人であればあるほど，このような発想が強まっていく。この発想を転換させなければ，悪循環は変わらない。

◎人質の構造と場当たり主義

このＡ子母娘の事例は，一種の人質の構造になっている。保育士，園長，指導員たちのいずれもが母親を刺激しないようにしていたのは，ここで母を刺激したら子どもへの虐待がまたおこってしまうのではないかという怖れからだった。

Ａ子を人質にとられてしまっていると感じている保育者たちは，本来，親がＡ子に対して抱く思いを抱いている。つまりここではＡ子に対する責任意識が，母親と保育者のあいだで逆転しているのだ。

これでは，多くの問題をかかえた家族とまったく同じである。つまり目の前の本人を刺激すると荒れるので，できるだけ本人の言うことを聞き，“ケア”していくのである。過食の娘が「食料をコンビニで山ほど買ってこい！」と母に命令し，それを拒否すると暴れるのが目に見えている母は「わかったわ」とスナック菓子を1万円分買い占める。夫に口答えをすれば酒をもっと飲むと思う妻は，夫の暴言・暴力にじっと耐える。

アルコール依存症をはじめとするさまざまな家族内の問題はほとんどが，周囲の家族成員がこのように本人の言いなりになっていくというプロセスをたどる。

わたしはこれを「場当たり主義」と呼んでいる。つまり当面の危機を回避するために，本人の言うことを聞き，言いなりになっていく。それどころか，このような行動は本人の行動を結果的には支え，強めてしまうことになる。この人をアディクションアプローチでは，「イネーブラー」と呼ぶ。

この事例でも関係者はしだいに，母親をケアし，話を聞いてやり，嫌がることは耳に入れないという対応に終始するようになっている。

園への送迎も含め，結果的に母親の望んだ状況が実現しているといえないだろうか。彼女は自分の好きな病院に通い，保育園の送迎も他人任せ，学童クラブの指導員からも自分の窮状を訴えれば聞いてもらえるという状態である。周囲の人たちの「子どもを守るための援助」はすべて，母親の望む状態の「実現」と「維持」に貢献しているのである。まさにイネーブラーといえよう。

◎親に対峙しなければ始まらない

けっきょく子ども中心の発想は，局所しか見ていないのである。

子どもは母親との「関係」に生きている。虐待は「関係」のなかでおきるのだ。それなのに関係の一方の極，子どもにしか焦点を当てないという対応は，結果的に子どもを守るために機能せず，母親の望む現状維持に貢献するという皮肉な結果を生み出す。

別の見方をすれば，子ども中心の発想をすることによって，母親との対峙を回避しているともいえる。子どもは無力であればあるほど，周囲の人は「守ってあげる」という正義が保証される。自分と同じ「成人」に，つまり母親に正面から向かい合うことは，どこかで「援助」を超える怖れを感じさせるのかもしれない。

虐待問題の解決は，その親と正面から対峙していくところからスタートすることを肝に銘じておきたい。

❷わたしならこう介入する
強制力の発動はいかになし得るか

さて，ここから本事例への介入の戦略を考えてみよう。なぜ戦略などという言葉をつかうかといえば，虐待事例への介入には，関係者全員が共有する視点・判断・方法が不可欠だからである。

本書に述べるように「当事者」――「これは自分の問題だ」と感じる人――が，虐待の場合どこにもいない。つまりA子本人も被害者と自覚せず，母親も加害者と自覚していない。母娘ともに虐待関係にあると考えてはいないのだ。とすれば，周囲の援助者たち(講演の後，わたしのもとに訪れた数人の人たち)こそが当事者であり，その人たちの戦略だけがこの母子関係を変える唯一の手段なのである。

そして，介入とは一種の強制力の発動である。それは納得ずくで行使されるというより，外科手術のような痛みをともなって，関係を操作し，動かし，変化させるのである。

ではどうすればよいのか。

◎ポイントは「底つき」

アディクションアプローチの立場からは，嗜癖行動の修正は「底つき」によって起きると考えられる。アルコール依存症者は説得されて反省して酒をやめるのでなく，生きるか死ぬかの現実に直面してはじめて酒をやめようと思うのだ。虐待も嗜癖のひとつだとすれば，その親が「困る」ことによってその行動は変わりうるのだ。

したがって虐待への介入とは，親が「何に困っているのか」を見つけ出し，その問題を突破口としていくことである。子どもを虐待することが彼女の生活のバランスを保っているような一種の膠着状態にあるときには，あえてその親を「困らせる」ように周辺から事態を変えさえする。

「何に困っているか」が不明確な場合は，「なぜ困らないでいられるのか」と問題をシフトさせてみよう。多くの場合，子どもが人質となって母親が保育関係者から援助を受けているという構図が浮かび上がる。

つまり母親を刺激すると子どもを虐待するかもしれないという周囲の恐怖が，結果的には母親がキャスティングボードを握る状況を支えている場合が実に多い。母親を「困らせる」ことが介入の目的であれば，困らないように支えている要素を点検し，それらを撤去すればいいことになる。

医療はどうか，経済的には誰が支えているか，生活面の家事はどうかなど，その母親を支えている要素を徹底的に点検し，削れるものは削っていくのである。

その場合もちろん合法的にそれをおこなわなければならない。それが介入の戦略である。そして多職種のネットワークが必要な理由もそこにある。

このような原則に立って，わたしの考えた介入方策を以下に記していこう。

◎母親の行動パターンを変えることに焦点を当てる

まず，母親の行動を変えていくことを考える必要がある。

母親は，A 子を手放さないことで生きていられる。この母親を変えるには，A 子を母親から引き離せばいい。しかしかつてそれを実際におこなったとき，母親は自分のコントロールできる（自分の言い分を聞き入れてくれる）病院に入院した。これは一種の避難だと思われる。このような母親と病院の関係が温存されているうちは，どれだけ関係者が努力してもだめだろう。

したがってポイントは母親の主治医選びである。

◎何に困っているかに着目する

現行の法律では，母親が行くべき病院を指示することはできない。関係者からすれば喉から手が出るほど，この母親の行動を修正するための強制力がほしいだろう。しかし無い物ねだりをしていても始まらない。とすれば，ほかにどのような方法があるのだろうか。

先に述べたように本人を変えるポイントは，援助したいという気持ちを伝えることで本人が変わっていくことを期待するのではなく，「本人が何に困っているのか」に注目することである。つまり，行動修正は愛情や好意から達成されるのではなく，困って苦しんで達成されるのである。

この場合，母親が困っていることは次のことである。

a. 経済的困窮

b. 症状

c. 対人関係

d. その他

このなかで，まず c の「対人関係」について見てみよう。

◎子どもをめぐる援助によって母親は生きていることを知る

友人もいない，生活力もない，そんな母親が地域のなかで生きていられるのは，父親からの養育費，子どもをかわいそうに思ってときどきやってくる実母，そして保育園や学童の職員たちの援助によってである。その人たちが話し相手になってくれることで人間関係をなんとか維持できているのだろう。また子ども自身も，母親の支え手になっていることはいうまでもない。

閉鎖された母子関係が，子どもを虐待することで得られた社会的・人間関係的資源によってここまで豊かになっているのだ。

したがって母親は，決して子どもを手放さないだろう。子どもが一時保護所に入っているときはみずからも入院している。これは，経過をみてみれば当然の行動だ。母親はA子の存在によって援助者を獲得しているのである。

とすれば，次にaの「経済的問題」がポイントということになろう。これは主治医がまさに指摘していることだった。

◎母親から経済的基盤を奪ってしまう

しかしわたしの考えは，主治医と逆の方向である。つまり，母親から経済基盤を奪うのである。生活保護に移行させることで，公的介入という強制力の発動を期待するのだ。

現在の経済状態は幸いにもぎりぎりの状態である。ここで前夫からの養育費を1万円か2万円減額するか打ち切ることで，生活保護に持ち込めないだろうか。具体的には，次のような順番で介入をおこなったらどうだろうか。

（1）生活保護受給
（2）担当ケースワーカーとの緊密な連絡
（3）家庭訪問
（4）受診する主治医の指定
（5）主治医との関係強化
（6）個人カウンセリングへの導入……問題を，症状から子どもとの関係にシフトする。もちろんこのシフト以後は，被虐待児としての子どもの相談も開始する必要があり，母親と並行して実施する。
（7）同じような虐待問題に悩む母親とのグループをとおしてのカウンセリング
（8）親子関係の再構築

このような迂回ともみえる経過をたどって，はじめて母親の虐待的育児行動についてのアプローチは可能になる。

◎「生活保護」と「診断」は使える

強制力の発動とは，本人の行動の可能性の制限である。その場合有効なのが，経済的可能性の制限である生活保護受給であり，さらには医師の診断である。

生活保護も医師の診断も，ともに国家権力，国家資格を背景とした強制力である。それは介入における有効な社会資源である。

このような介入方法は，アディクションの場合に頻繁に用いられる。依存症はまさに強制力の発動こそが援助の生命線であるから当然であろう。しかし虐待の場合も緊急性は同じように高い。本事例に述べたようなかなり綿密な戦略を立てて，関係者が介入していくべきである。

＊　　＊　　＊

以上は，児童虐待の加害者を対象とした介入事例である。見たように，加害者への介入も十分に可能であることを強調しなければならないだろう。しかし一方でその可能性は，介入対象である加害者の有する社会的力に反比例することも付け加えておきたい。つまり社会的弱者であればあるほど加害者への予防的介入は容易であり，社会的権力を有している人ほど困難になる。

この点が，虐待とDVの大きな違いである。加害者・被害者相互の力関係が，DVと虐待で異なっているからだ。虐待における加害者の多くは母親であり，DVの加害者は夫である。虐待の被害者は子どもであり，DVの被害者は妻という成人である。この加害者における男と女の違い，被害者における大人と子どもの違いという力関係の差が，実は決定的にDVへの介入を困難にしている。

◎いかに本人を困らせるか

ここで再び「底つき論」について詳しく述べよう。

底つき論は，「周囲がどのようにその行動(飲酒，ギャンブル，暴力等)によって困っていようとも，本人がみずから困らなければ，当の行動をやめようなどとは考えない」という前提に立っている。なぜならば嗜癖とはそれ自体が本人にとっては必要なのであり，救済なのであるから。まして酒への嗜癖であるアルコール依存は，飲酒が税金もかけられている合法的行為なのである。だからこそ，その人をどのようにして，それこそ合法的に治療の場に登場させるかにアディクション関係者はずっと腐心してきたといっていいだろう。

アディクションアプローチでは，本人に強制力をふるったりお説教をしたりという手段ではなく，「いかにして本人を困らせるか，困る状況に追い込むか」を見つけるようにしてきた。そこでは本人を支えている人（その多くは家族）が支えことをやめる（イネーブリングをやめる）ように対応を変化させることが課題となる。

つまり本人に対して強制力をふるうのではなく，本人をとりまく状況を変えること，とくに「本人が困らないように支えている人」の行動を変えることに着目する。それが結果的には，本人が困り，底をついて，行動を変えることにつながっていく。アディクションにおいては，この一連の援助者のかかわりを「介入」と呼んできたのである。

◎上流の介入とは「援助の場に登場させること」

ここで，アディクションへの介入の目的について確認しておかなければならない。たとえばアルコール依存症では「本人に酒をやめさせること」が介入の目的なのではない，ということだ。酒をやめさせるなどというのは，もっと先の課題，つまり上流か下流かといえば下流の河口の問題である。

アディクションへの介入においては，上流の問題こそが最大の難関だ。何の自覚ももたず，したがってみずからの行動を変える必要があるなどと思っていない人を，どのように援助の場に登場させるか。

そのような人たちは，手をこまねいて待っていても決して援助者の前にはあらわれない。困ってもいない人が援助を求めてあらわれるはずもない。またその人たちの自己決定を待っていても埒（らち）があかない。困り，どうしようもなくなり，援助者の前に登場するしかない状況をつくり，そこに追い込んでいく――このことこそが介入であり，いわば合法的強制である。

さて，介入の結果，彼らは援助の場に，しぶしぶ，いやいや，しかたなく登場する。そのことに対して「嫌がっている人を無理強いして意味があるのか」とか「動機づけもない人をどうしたらいいのか」と，ためらってはいけない。このような半ば無理強いされた「いやいや」状態であったとしても，とりあえず登場することからすべてが始まるのだ。

介入❺

これだけは覚えておきたい七箇条

介入について述べてきたが，多くの援助者にとってはなじめないところが多いかもしれない。抵抗感もあるだろう。それは援助者だけでなく一般の人びとにおいても同じだろう。しかしその抵抗感が，多くのDV妻や被虐待児を発見するときの障害になっているのだ。

家族の中の暴力は，当事者によって訴えられることはきわめて稀である。これについてはすでに繰り返し述べてきた。第3者の介入が，被害者救済の鍵を握ることになるゆえんである。

たしかに多くの本には，この介入の仕方について教科書的記述が見られる。しかし現実的にはすんなり実践されるわけではない。なぜか。援助者側に多くの抵抗が生じるからだ。援助者側にこそ多くの価値観の転換が求められるのである。これらを総合して次の七箇条を提案したい。

第1条	疑ってかかることからすべては始まる（発見）――親はあぶない，夫もあぶない
第2条	積極的に告げ口をしよう（通報）――チクリの奨励
第3条	共同戦線を組もう――1人じゃ戦えない
第4条	決定のプロセスの明確化と役割分担――親分を決めよう
第5条	作戦を練ろう――場当たり主義では負けてしまう
第6条	他人の家に踏み込もう――プライバシーを無視しよう
第7条	加害者と戦おう――会わせないのは義務である

第1条
疑ってかかることからすべては始まる（発見）
親はあぶない，夫もあぶない

保育園での昼寝の時間，パジャマに着替えさせるときに背中の痣（あざ）を保育者が発見する。夏なのに風呂に何日も入れていないような異臭に気づく。下着が汚れているのに着替えさせてもらっていない様子だ……。

アパートの隣で繰り返される悲鳴，マンションの上の部屋から聞こえるドスンという人の投げられたような音。それを聞いた人がどうとらえるか，そしてどうするか。

歯の治療に来た女性の前歯が折れている。それを診た歯科医が「どうしたんですか」と聞くと，「柱にぶつかったんです」「自転車で転んだんです」と言う。もしくは涙ぐんで答えない。そのとき，歯科医はどうするか。

ここでいう“気づき”とは，ちょっとした違和感である。「あれ，変だな？」といった感覚ともいえよう。このようなかすかな違和感，直感めいた「おかしい」という感覚から，それらはDV・虐待として浮上しはじめるのだ。

しかし，援助者たちが既存の価値観に疑いをもっていなければ，その違和感は簡単に打ち消されてしまうだろう。「思いすごしだ」と。ときには違和感すら抱かないということもめずらしくない。

われわれは現実を見るとき，自分のもっている価値でそれを切り取り，自分の文脈のなかに位置づけていく。そこにあてはまらない現実はフィルターからこぼれ落ち，認知されない。つまり「なかったこと」にされるのだ。

海に遭難船が漂っているとき，それをキャッチするレーダーの存在によって，さらにそれを魚ではなく難破船ととらえる人の存在によって，漂流者は救助される。このような「レーダー」あるいは「人」になるにはどうしたらよいか。「親は子を虐待する」という可能性を，また「夫は妻を殴る」という可能性を，みずからの親子観・夫婦観に包含することである。

夫婦は愛し合う，親は子どもをかわいがる，といった常識を捨て，性善説を捨ててかからなければならない。痣を見ればDVかと思い，奇妙な遊びをしている子どもをみれば性的虐待かと思う。

このような，いわば“疑り深い”援助者によって，家族の中の暴力ははじめて事例化する。「やっぱり虐待じゃないか？」「あの女性はDV被害者じゃないか？」とある1人の援助者が疑ったところから，その事象はDV・虐待として名付けられることになる。

第2条

積極的に告げ口をしよう（通報）
チクリの奨励

さて，発見された暴力事例は，そのままでは1人の援助者の事例にすぎない。次に必要なのは自分の見方の賛同者である。

「ねえねえ，あの子ひょっとして虐待を受けてるんじゃないかしら」

と誰かに話してみよう。それは情報を伝達することであり，ひらたくいえば告げ口である。もっと俗にいえばチクることである。

「思い過ごしかもしれないから自分の胸にしまっておこう」

と考えればそれでその事例は終わりになる。

自分のとらえ方を積極的に同僚や上司に語り，そこに賛同者がいれば事例は他者と共有される。「わたしも虐待だと思う」という他者の賛同によって，かすかな疑いは確信に変わるだろう。第1条で述べたようにDV・虐待の発見には必ず「迷い」と「自信のなさ」と「ためらい」がついてまわるからこそ，他者の賛同は必須なのである。

虐待と思われる現実に援助者個人で対峙すれば，パワーでは現実のほうが数倍まさる。その現実に立ち向かい，かかわっていくには，自分の賛同者を少なくとも2人(多ければ多いほどいいが)は獲得しなければならない。

もし職場に賛同者がいなければ，職場の外部にでも積極的に働きかけて賛同者を求めることである。関係機関でも市民団体でも，考えられる範囲の人たちに自分の「事例」のとらえ方を話し，支持・賛同してくれる人を求めつづけなければならない。繰り返すが，たった1人で暴力の援助をするのは不可能である。

児童虐待防止法でもDV防止法でも，そこでいう「通報義務」とは一般の人びとだけを対象としているわけではない。援助者においても他者に情報を漏らすところから事例の共有が始まるのである。

しかしこれもまた第1条の「発見」と同様に，援助者に抵抗を生む。「他人の家族の中でおこっていることを別の人に承諾もなく伝える」のは社会の常識に反することだからだ。

通報とは，当事者の承諾なくして，その情報を他者と共有していくことにほかならない。つまり「プライバシー」というあの絶対的価値をもつ言葉に正面から反旗をひるがえす行為がこの通報義務なのである。援助者間においても賛同者を増やしていくためには，当然事例について情報を公開し，共有していくことは大前提であろう。

わたしなりのプライバシー観は後述するが(p. 166参照)プライバシー保護を職業倫理の柱として援助者のアイデンティティを形成した人たちは，通報義務についてどうとらえているのだろうか。現在の虐待ムーブメントのなかで，プライバシー保護をこれまで錦の御旗のようにかかげてきた人たちから反論，問題提起がまったくおこらないのは不思議なほどである。

第3条

共同戦線を組もう

1人じゃ戦えない

1人の援助者からもう1人の賛同者へと広がったところで，今度は他職種も含んだネットワークの形成が必要となる。これは共同戦線ともいえる。すでに地方自治体によっては，虐待防止ネットワークが形成されているところも増えている。

これは当初「物好きな正義感にかられた人たち」の集団と見られることが多かった。収入に結びつかず，おまけに時間が割かれ，ボランティアというにはあまりにリスクの高い活動内容だからである。しかしそのような草の根的・先進的活動が土台になって，現在のような多くのネットワークが形成されるようになったのだ。

ここには弁護士，医師(小児科医，外科医，精神科医など)，児童相談所員，ケースワーカー，臨床心理士，民生委員，保健婦，看護婦，女性センタースタッフ，シェルタースタッフ，教師などが入る。本章「介入❹」の事例(p. 105 以降)では，児童館職員，学童クラブ指導員などもそこに含まれていた。

これらの人びとが事例を共有し，つまりそこでおきていることをDVや虐待としてとらえ，共にかかわっていこうという方向性をもつことが必要だ。しかし一般的にはこのような整然とした形態ではなくても，関係者が一堂に会して「なんとかしなくては」とワイワイやるのだけでもいいのかもしれない。共同戦線の最低基準は「顔見知り」になることである。とにかく集まるところからすべては始まる。

招集するのは，やはり公的機関が適当だろう。もちろんその事例について最初に発見し事例化した人，つまり「当事者としての援助者」がその集まりを提唱するのが切実感と切迫感のパワーからいって最適なのかもしれないが，むしろそれを側面で支える公的機関が招集する責任を担うほうが望ましい。

このようにして，当事者たる援助者を幾重にもとりまいて，賛同し，事例を共有し，その人を支える人たちの集団が形成される。

第4条

決定プロセスの明確化と役割分担

親分を決めよう

多数の人たちが方針を決めるとき，組織化が必要とされる。その場合，対社会的に責任を負える人，具体的にはできるだけ権威がありそうな国家資格を有する人(医師，弁護士等)が中心となるのがもっとも機能的であろう。

なにか問題が生じたときには，矢面に立つ人が必要になる。とくにこれまでの常識をくつがえして行動するようなときは，その責任を負う主体として，あるいはそれらの行動を正当化するために国家承認の有資格者が必要だということである。

さらに大きな理由は，暴力の問題は「時間との戦い」という側面があるからだ。

つまりネットワークがぐずぐずしているあいだにも，暴力の被害がどんどんひどくなってしまう。多くの虐待事例は，児童相談所が訪問し，1週間後の面接を約束するとその1週間のうちに子どもが殺されてしまう。できれば24時間以内が望ましいと思うのだが，それが可能になるにはアメリカのように24時間体制の専門の待機者が必要になってくるだろう。

現時点でそこまでは無理だとしても，できる限りの即対応は必要である。中心的役割の人を決めるのは，ひとえに迅速な決定と機敏な対応のためである。

第5条

作戦を練ろう

場当たり主義では負けてしまう

戦略(ストラテジー)の形成が必要である。つまり家族という密室にどのように入り込んでいくのか，どのようにしてそれが可能かという作戦会議である。現行の法体系のもとで，ぎりぎりの合法的手段をとりながらそれをおこなうことが必要である。

加害者と被害者を分離し引き離すことが暴力問題においては重要だと述べてきた。その場合，加害者を動かすのか，被害者を動かすのかの決定が最初に問題になってくる。一刻を争う場合は当然被害者の救出であるが，できればそこに至る以前に介入がおこなわれるべきであろう。

「加害者を動かす」とは当然のことながら加害者を説得することではない。加害者を拘束することである。説得などでは加害者は変わりようもないことを，援助の前提にしておかなくてはならない。

合法的に加害者を拘束する手段には，どのようなものがあるだろう。ひとつは病院に入院させることである。これは医療という権力を行使するのである。もうひとつは犯罪者として逮捕することである。これは司法という権力を行使するのである。

家族の中の暴力の加害者に，アルコールや薬物問題が絡んでいるかどうかのチェックは必ずおこなわなければならない。残念ながらわが国では，アルコール依存症に代表されるアディクション問題の経験者と，DV・虐待問題の関係者の連携がうまくとれていない。したがってしばしばDV加害者，虐待する親のアルコールや薬物依存の問題が見落とされてしまう。

この視点がなぜ必要か。アディクション問題があれば，上記のように医療と司法の双方の視点から加害者を拘束できる可能性があるからだ。酔ってあばれたら110番通報→措置入院という方法もあるだろう。また薬物であれば不法所持で逮捕も可能だ。医師が被害者の傷を入院の必要ありと診断し，とりあえず病院に避難させるという方法もしばしばとられる。被害者救済の場合に家庭を訪問できる権限をもっているのは保健婦，児童相談所職員だけである。このような権限をフルに活用していくしか方法はない。

これらをみても，あらゆる分野の関係者が被害者救済という一点で一致していなければできえないことである。現行法のなかで可能な限りの方法を探りつつ，作戦を立てるのだ。もちろん失敗もありうる。戦略どおりに運ばないことのほうが多いかもしれない。その場合は再度作戦を練り，別の戦略を考えることになる。

第6条

他人の家に踏み込もう

プライバシーを乗り越えろ

こうして戦略どおりにネットワークに加わった人たちが協力することによって，被害者が加害者から分離される。子どもであれば一時保護所に保護され，DV 被害者であればシェルターに入ることになる。

アディクションの関係者なら前条に述べたような介入はそれほどめずらしいことではないが，従来の援助に慣れた人からすれば強引に思えるのはまちがいないだろう。しかし繰り返すが，介入とは力の行使である。当事者の納得を待っていては，どんな介入もできないのである。

このようなかたちでプライバシーに踏み込むには，価値の転倒，あるいはこれまでの価値を無視するに足る大義名分，別の価値の存在が必要になる。これは多くの場合，あの子を殺してはいけない，あの子を救わなくてはならないという「命」「生命」の価値であろう。そして，暴力はふるってもふるわれてもならないとする「信念」である。これらの点においてのみ，暴力の介入にまつわるさまざまな価値の転倒は許容される。

他人の家に踏む込むことは，「被害者を暴力から守り命を救う」という大義名分，別の価値によって許されるのだ。

したがってネットワーク集団はその一点を絶えず確認しあい，「われわれは正しいことをしているのだ」と確認をしつづけなければならない。もしくは法律によってその行為を正当化されつづけなければならない。

第7条

加害者と戦おう

会わせないのは義務である

しかしこれで終わったわけではない。しばしば親や夫は，被害者と分離させられたと同時に取り戻しにやってくる。

病院に入院させられた子どもであれば，病院に面会を求めてやってくることもあるだろう。「早く我が子に会わせてください」と涙ながらに訴えられたら，何も知らない病院関係者は「実の親なんだから」と会わせてしまうだろう。またうかつにも子どもに対して「お母さんに会いたい？」などと聞けば，即座に「会いたい」と答えるに違いないだろう。

家族の中の暴力に対峙するにおいてもはや最低限の常識になっている，「いったん分離された加害者と被害者を会わせてはいけない」ということをここで確認しておこう。

ここでは，被虐待児にとって親はなによりの存在であり，顔を見ればすぐにでも一緒に家に帰りたい存在であるということだけを述べておく。かつては「あんな親でも，子どもにとってはたった1人の母親(父親)なんだね，やっぱり親は親だね……」と美しい親子物語で語られていたこのような情景は，虐待されてきた子ども特有の，加害者へのしがみつきにすぎない。

日本のDV防止法でも6か月間の住居や勤務先への接近禁止が規定されていることからわかるように，DVの加害者も必ず被害者とコンタクトをとることを求める。携帯電話の普及がそれをいっそう容易にしている。シェルターや病院に逃げた被害者に対して執拗に「会いたい」コールを繰り返す加害者は常態ですらある。

子どもの場合，親権をもつ親が会いたいと言ったとき，どのように接近を絶つのか。これについてもネットワークに医師と弁護士が加わることでいくつもの先行的事例がある。

被害者は，「元の関係に戻ろう」という加害者の要求を拒めない。それどころか自発的に戻っていく。この不思議な加害者-被害者関係のダイナミクスを熟知していないと第6条までの積み重ねが一瞬にして瓦解してしまう。とくにDVの場合はそれは著しい。当事者性をもっていた人でも，シェルターに逃げた後で再び戻っていく例は多い。

したがって，ときには被害者の意志に反して，加害者とのあいだを遮断し，このように加害者が被害者に接触しないように防御する必要がある。これは援助者に課せられた義務といってもいい。

暴力を解く4つのキーワード IV

キーワード❶

「1人」はあぶない

暴力の問題には，不思議なほど「数」がついてまわる。後に述べるように，数がすべてを決定するといっても過言ではない側面すらある。

まず，1人でいることは暴力問題において実に危険であることを理解してほしい。この場合の「1人」には2つの時相を想定できる。第1は暴力が現実に進行している最中，第2は加害者から分離した後である。

◎加害者は被害者をまず孤立化させる

DV，虐待，いじめ――これらにおいて加害者は，まずターゲットとなる被害者を孤立化させるところから始める。もしくは孤立している人をターゲットにする。

DVの場合は，幸せな夫婦像を対外的に演じようとすればするほど，殴られている妻は暴力のことを誰にも伝えられず孤立していく。実家に対しても，「親を心配させないため」ときには「親の反対を押し切って結婚したため」といった理由で，まったく相談しないことのほうが多い。

虐待の場合でも，学校では明るい子であったりして自分の家のことは隠しつづけたりする。「家族の中でおきたことは誰にも伝えられない」

というプレッシャーが，たとえ外からは明るい人とみられていても，被害者を心理的には孤立させていく。

また，DV 加害者は妻が外出したり他者と接触することを極端に禁止する。妻に携帯電話を持たせ，外出するとしょっちゅうチェックして帰宅を促したりする。約束の時間に帰らなかったことも容易に暴力を誘発する。

このような加害者との関係への「一極集中」こそが加害者の望むところなのであり，結果的にはそれ以外の関係は絶たれ，孤立化が促進されることになる。

一方で隣り近所も，暴力の気配があったとき，介入するよりむしろ避けるほうに傾く。その結果，その家族はますます孤立していく。このように，被害者のみならず，暴力に満ちた家族そのものも他の家族から孤立化させられるのである。

家族そのものの孤立化は，虐待の場合はもっと極端である。子どもは自力で外部と接触できるはずがなく，その家庭が閉ざされていればいるほど，加害者との関係以外はまったく成立しなくなってしまう。加害者以外との関係が閉ざされることが，加害者との「対の関係」を強化していくのである。

◎逃げた後の被害者の苦痛

以上が，暴力が現実に進行しているときの「1 人はあぶない」である。すなわち孤立化こそが暴力の温床なのである。

次の「1 人はあぶない」は，シェルターなどに保護された後の問題である。やっと加害者から離れて「1 人」になったとき，通常のドラマならハッピーエンドになるだろう。しかし暴力の場合はここからさらに第

2幕が始まるのである。

加害者からやっと離れたと思ったときから被害者は，不安感，違和感，孤立感，見捨てられ感，意味不明の苦痛，罪悪感におそわれるのだ。以下それぞれついて述べる。

❶不安感

安全な場所に逃げたのだと自分に何度言い聞かせても，ひょっとしてあの夫は自分の跡をつけているのではないかと不安になってしまう。また，「お前がどこに逃げても俺は必ず探し出してやる」と怒鳴られた言葉が耳に残る。後述するフラッシュバックである。そうなると電話の音もこわくなり，ちょっとした買い物ですら怯えるようになる。ストーキングにあった人たちの恐怖と基本的には同じものである。

「蛇ににらまれた蛙」という譬(たと)えと同じで，力によって圧倒された経験は，その対象から分離した後もしばらく残りつづけるのだ。

❷違和感

これまでの何十年かその人たちは「安全」な環境を知らずに生きてきた。ひょっとすると生まれてこのかた暴力のない環境に身を置いたことすらなかったのかもしれない。暴力と暴言が日常である生活に身を置きながらも，苦痛と危機を感じてそこから脱出したのである。

しかしその安全な環境はこれまで経験したことのないものであり，非日常なのだ。これで安心だと思いながら，いっぽうでどこかそぐわない落ち着かなさも感じている。

このそぐわなさ，違和感は，同時にかつての暴力に満ちた生活への回帰，なつかしさへと容易に結びついていく危険性をはらんでいる。

❸孤立感

これは「孤独感」とも少し異なる感覚である。DV 被害者の場合なら，いってみれば大多数の「ふつう」の女性集団から自分ひとりだけが外れてしまったという感覚である。それをさらに詳しく分けると，敗北感，挫折感などによって構成されていることがわかる。

女性として生まれたら結婚をすることが当たり前であり，それに失敗するということは大きな挫折であるとされる。つまり，結婚や育児が女性の一大事業——それも人生を賭けた——であるならば，夫の暴力で逃げてくるということは，一生を賭けた事業に失敗したことになるのだ。

もうひとつは，大多数の自分以外の女性たちは幸せそうに夫婦生活を送っているのに，わたしはその仲間にすら入れなかった，彼女たちに負けてしまったという敗北感がある。女の人生の敗北者であると自己規定することは，なにより耐えられないことだろう。

❹見捨てられ感

夫の暴力から逃げるということは，彼女が夫を捨てることでもある。しかし多くの女性は，逃げることは自分がキャスティングボードを握っている行動だとは思っていない。むしろ自分が夫から離れたにもかかわらず，夫から「捨てられた」という感覚を抱いている。この主体の逆転，受動と能動の逆転がしばしばおこることは援助者が知っておくべきだろう。

❺意味不明の苦痛

これは PTSD という文脈で理解されるべきことである（次頁の表参照）。

暴力の現場から離れ，安全な場に移り，時間がたつと，かつての記憶がよみがえってくる。これをフラッシュバックという。悪夢，発汗，心

複雑性PTSDとは

1　**全体主義的な支配に長期間(月から年の単位)服属した生活史**
実例には人質，戦時捕虜，強制収容所生存者，一部の宗教カルトの生存者を含む。実例にはまた，性生活および家庭内日常生活における全体主義的システムへの服属者をも含み，その実例として家庭内殴打，児童の身体的および性的虐待の被害者および組織による性的搾取を含む。

2　**感情制御変化であって以下を含むもの**
- 持続的不機嫌
- 自殺念慮への慢性的没頭
- 自傷
- 爆発的あるいは極度に抑止された憤怒(両者は交代して現れることがあってよい)
- 強迫的あるいは極度に抑止された性衝動(両者は交代して現れることがあってよい)

3　**意識変化であって以下を含むもの**
- 外傷的事件の健忘あるいは過剰記憶
- 一過性の解離エピソード
- 離人症/非現実感
- 再体験であって，侵入性外傷後ストレス障害の症状あるいは反芻的没頭のいずれかの形態をとるもの

4　**自己感覚変化であって以下を含むもの**
- 孤立無援感あるいはイニシアティヴ(主動性)の麻痺
- 恥辱，罪業，自己非難
- 汚辱感あるいはスティグマ感
- 他者とは完全に違った人間であるという感覚(特殊感，全くの孤在感，わかってくれる人はいないという思い込み，自分は人間でなくなったという自己規定が含まれる)

5　**加害者への感覚の変化であって以下を含むもの**
- 加害者との関係への没頭(復讐への没頭を含む)
- 加害者への全能性の非現実的付与(ただし被害者の力関係のアセスメントの現実性は臨床家よりも高いことがありうるのに注意)
- 理想化あるいは逆説的感謝
- 特別あるいは超自然的関係の感覚
- 信条体系の受容あるいは加害者を合理化すること

6　**他者との関係の変化で以下を含むもの**
- 孤立と引きこもり
- 親密な対人関係を打ち切ること
- 反復的な援助者探索(孤立・引きこもりと交代して現れることがあってよい)
- 持続的不信
- 反復的な自己防衛失敗

7　**意味体系の変化**
- 維持していた信仰の喪失
- 希望喪失と絶望の感覚

出典　ジュディス・L・ハーマン著，中井久夫訳『心的外傷と回復』みすず書房，1996年より。

臓の動悸などの身体症状をともなうこともある。このような明確な症状でなくても，多くは「うつ」として出現してくる。もう殴られる危険もないのに気分が晴れない，朝起きられない，何もやる気がしない，ときには死んでしまいたくなる……といった訴えをする場合がある。

このようなときは，DVやPTSDに詳しい精神科医を紹介し投薬を受ける必要があるだろう。すべての精神科医がそのような理解を示すわけがないので，ふだんから連携機関としてそのような精神科医を1人か2人は知っている必要がある。

❻罪悪感

罪悪感は，安全で暇な時間があったときに“Why”という疑問をもつところから始まる。なぜわたしは殴られなければならなかったのか，なぜ夫は殴ったのか，なぜあの夫と結婚したのか等々……。

これは彼女たちがやっと落ち着いて，自分の物語を，自分の歴史を自分なりに形成しようとする試みの開始である。それは必要な作業であり重要なことである。しかし1人でその作業をおこなうと，必ず「わたしが悪いから」という地点に帰結してしまう。考え抜いて訳がわからなくなったとき，「やはりわたしが悪いから」という結論でその推論を締めくくってしまうのだ。

これを繰り返していると，わたしが悪かった→やり直すべきだ→自分を変えて再度夫に謝ってみよう，というプロセスの轍(わだち)に容易にはまっていく。

◎逃げた後も「1人」にしてはいけない

このように被害者は，加害者から逃れたとたんに次の課題に直面することになる。つまり1人になったとたん，過去の習慣が顔を出すのである。それは被害者を過去の轍に揺り戻す働きをする。せっかくシェルターに入ったのに，そこを出て夫のもとに帰っていく女性がいかに多いか。親からの虐待を受けて入院中の子どもを親と面会させたとたん，親のもとに返りたがるという場面がいかに多いか。

DV防止法が施行された2001年10月の末に，夫に暴力をふるわれていた妻の申し出により東京地裁が夫への自宅退去と接近禁止を命じる保護命令を出したが，翌日には当の妻自身がその命令を取り消したという“事件”もあった。

したがって援助者がなによりも注意を払わなくてはならないのは，被害者を1人にしないということである。シェルターなどの避難所においては，被害者を1人にしておく時間を極力少なくしなければならない。オーバーにいえば，排泄の時間以外は絶えず他者と接触させるようにすることである。グループに参加させることは，この点から必須である。

キーワード❷

「2人」もあぶない

◎親密はいいことか？

家族の中の暴力は必ず2人のあいだでおこる。当たり前だが，暴力は，誰かと誰かのあいだでおこるのである。

2人の人間が近づくことを「親密」になるという。これを従来は肯定的価値とともにとらえてきた。人が親密になるということを奨励してきたのだ。とくにアメリカでおこなわれているさまざまな「癒し」「ワーク」などは，この親密さがひとつのキーワードとして構成されている。

しかし，はたしてそうだろうか。人と人が近づくことはそのようにいいことなのだろうか――わたし自身がそのように考えるようになったのは，家族の問題に接することになってからである。

◎「対の関係」は支配に転化する

2人関係を「対の関係」と呼ぶことにする。これは，適正な距離があれば，水平な，平場の，対等な関係を維持することはできる。しかし対の関係の二者が接近すれば，そこには双方からの，所有，一体化，支配の欲求が必ず発生する。

対の関係の代表的なものが夫婦関係，親子関係であろう。

所有，支配の関係が有効に機能する場面もある。たとえば恋愛関係を見てみよう。恋愛は支配欲求，所有欲求によって発動する。あの正気とも思えない一体化や所有の欲求が双方にとって快楽以外の何者でもないからこそ，他者からの介入を拒むのである。

また，新生児期の母と子の関係を見てみよう。自分の一部のように我が子を感じるというあの一体感，所有感，それによって発生する責任と引き受けの感覚が，授乳や排泄の世話，安全の確保を結果的に生み出す。これによって生まれたばかりの無力な子どもははじめて生きられる。

ここであげた 2 種類の親密な関係は，それぞれ人の生存にとって不可欠な局面で有効に機能している。生殖と出産である。つまり親密な対の関係がもたらす生存である。

しかし，家族において親密さはその逆，つまり生存に逆行する関係性を生み出すのだ。DV も虐待も，そのいずれもが親密さとセットになって発生していることに注意しなくてはならない。

本書の冒頭で「家族観」の変更を読者に要請した。それは家族における愛情はかならず支配，所有とセットになっているということであった。したがってわれわれは発想を転換しなくてはならない。「親密な関係」は危険であると。そして家族の中で 2 人が対を形成することは危険であると。そこにはきわめて容易に支配，所有の関係が発生し，それは暴力というかたちで表現されるのだ。

◎なぜ逃げなかったのか

暴力を受けつづける人たちに対して「なぜ逃げなかったのか」という

疑問がよく投げかけられる。従来はこれが加害者擁護の切り札ですらあった。セクハラであっても，「逃げようと思えば逃げられたのに，逃げないのは合意のうえでのことと考えられて仕方がない」といった論調がついこのあいだまでのマスコミの常識であった。

レイプにおいてもそれが密室の行為であればあるほど，そのような被害者に落ち度があるとされる。そして被害者を責める論調が，「セカンドレイプ」といわれる傷つきをもたらす。

このような1回性の暴力の場合，なぜ逃げないかという問いかけに対する答えは「恐怖感」である。体験者はしばしば恐怖で身動きができなかった，殺されるかと思い抵抗ができなかったなどと語る。

では，繰り返される習慣的暴力の場合はどうだろう。なぜ逃げないのかという疑問に対する答えは，「孤立化」「加害者への愛着」という言葉にある。

これらは複雑性PTSD(p.142の表参照)にかかわる言葉である。また，「いじめ/いじめられ関係」において自殺にまで追い込まれる子どもの状態とも共通する。

いじめられっ子は，いじめる側をなんとかしようとして，言うなりになって金銭を渡しつづけるようになるだろう。殴られている妻は，夫を刺激しないようにしたり説得しようとするだろう。しかし，このような行為によって，なによりも被害者はいつも加害者の動静に敏感にならざるをえないことで，心理的な距離が果てしなく接近していく。この点について中井久夫氏は，「いじめの政治学」という文章で次のように述べる(『アリアドネからの糸』みすず書房，1997年)。

——加害者との対人関係だけが内容のある唯一の対人関係であって，大人も級友たちも非常に遠い存在となる。遠く，実に遠く，別世界の住人のように見えてくる。

空間的にも，加害者のいない空間が逆説的にも現実感のない空間のようになる。いや，たとえ家族が海外旅行に連れだしても，加害者は“その場にいる”。空間は加害者の臨在感に満ちている。いつも加害者の眼を逃れられず，加害者の眼は次第に偏在するようになる。独裁国の人民が独裁者の眼をいたるところに，そしていつも，感じるのと同じ心理的メカニズムである。（同書 **15** 頁）

――すでに加害者との対人関係がほとんど唯一の対人関係になっているから，被害者は加害者の一顰（ぴん）一笑に依存し，それに従って動揺するようになってゆく。被害者は加害者に感情的にも隷属してゆくのである。（同書 **16** 頁）

◎加害者への愛着

孤立化し，閉ざされた関係のなかで繰り返し苦痛を与えられつづけられた人は，「誰も自分を救うことはできない」「どこまで逃げてもこの人は自分を追いかけてきて逃げ切れることはない」という感覚におそわれるようになる。この苦痛にみちた関係だけが唯一の自分の世界という感覚になるのである。

さらに「暴力も愛の表現のひとつ」「愛しているから殴る」という加害者を正当化する物語を加害者から注ぎこまれたり，ときにはみずから信じ込もうとする。殴られて青痣をつくっている女性が，夫を責める言葉を口にする援助者に対して，「あの人はいい人なんです」と必死に，ときには笑みすら浮かべてかばう光景は実に多い。

暴力でつながった２人はこのように固い絆によって結ばれているかにみえる。しかしこれが習慣化された暴力被害の末に形成された愛着（複雑性PTSD)のひとつであることを認識しなければならない。

だからこそ，この絆を断ち切るにはその強度に匹敵する強制力，指示，介入が必須である。虐待においては被害者は援助者に従うのが通例であるが，DVは被害者が成人である。したがって，この加害者への愛着(自発的に暴力関係に戻っていく)を切り離していくためには，本人の自己決定，自己責任，自発的行為の尊重といった近代市民社会の原理を超える強制力が必要であろう。

「わたしはやっぱり夫のもとに戻ります。決めたんです。わたしの人生はわたしが決めます」と言われたときに，援助者は断固としてこう主張しなければならない。

「反対です。それは元の暴力関係に戻ることでしょう。少なくとも3か月間は夫と離れてみてください」

そのときに「これは越権行為ではないか」とたじろいだとき，援助者は腰砕けになる。その帰りたいという判断が複雑性PTSDによる愛着によるものであるなら，一定期間加害者と分離することが必要である。本人に対し，ギリギリのところで自己選択を尊重しつつも，加害者のもとに戻らないように強制力を働かせることが必要だろう。

ここで読者は，第II章「事例❶」のA子さんのことを思い出されるだろうか。あの時点でわたしはそのように言えなかった。今のわたしは言える。その違いは何だろう。それは，本書全体を貫いている「介入の正当性の根拠」を，当時わたしが確信していなかったからである。

キーワード③

「第3者」を登場させる

◎援助者が3人目の人になる

DVも虐待も親密な関係において発生する。とすれば，それを防ぐには「2人」にしないこと，「対の関係」を形成しないことが必要になる。

加害者から被害者を引き離すためには，対の関係を壊し，1人ずつにするという方法がある。もうひとつの方法は，3人目の人を対の関係に入れ，対を壊すことである。

子どもの虐待であれば3人目の人は当然父親(母親)であろう。しかし虐待が発生しているということは，すでにその3人目がまったく機能していないということの証明なのだ。だから，再度働きかけをして父親(母親)を「第3者」として登場させることはきわめてむずかしい。考えられるのは，たとえば実家の母親だったり，隣家の主婦だったりである。

近年虐待が増えているとすれば，ひとつの理由は，このような対の関係に割って入る第3者がいなくなったということがあると思う。

地域の人間関係の希薄化はすでにお題目のように唱えられていることである。それを復活させることも有効な手立てであるだろうが，緊急の対応としては援助者が積極的にかかわっていく必要があろう。

家庭訪問をする保健婦や訪問看護婦も第3者である。そのことで対の関係に新しい風が入ることになる。また電話による育児相談も，実際にその場にいない者であるが，まぎれもなく3人目の人である。親戚の人がしょっちゅう訪問するのも有効である。誰でなくてはならないということはなく，とにかく対の関係に割って入るのであれば誰でもいいのだ。

◎子どもは第3者を呼び寄せる

DVの場合は，被害者自身が第3者を拒否することがしばしばおこる。

それは加害者の暴力を恐れてのことであったり，被害者のプライドであったりする。そして最も多いのは，繰り返し述べているように当の被害者が被害者としての当事者性をもたない場合である。

第II章「事例❷」のB子さんもそうであったように，被害者が当事者性をもたない場合は，子どもの問題として表面化することが多い。パニック障害，摂食障害，その他のアディクションの問題でカウンセリングに訪れた子どもの話を聞いていくと，母親がしょっちゅう父親に殴られていたというケースは多い。うんざりするほどだ。

また，子どもが問題をおこして母親が相談にくる，そして夫からの暴力が語られる。その瞬間に援助者が，はじめて家族外の人間として暴力のことを聞く人になる。ということは援助者が対の関係に割って入る3人目の人だということだ。見方を変えれば，摂食障害の子どもたちはみずからが第3者になれなかったがために，自分の家族に第3者を登場させようと「問題を発生させていた」とさえ思われるのだ。

ところで，DVにおいて子どもたちは第3者になれないのだろうか。

多くは被害者である母親とその子どもとのあいだには同様に対の関係が形成されている。とすれば第3者として機能するのに必要な「距離」が母親とのあいだにないために，結果的にはDVの関係を変えるのになんの力にもならないということになる。

キーワード❹

「仲間」をつくろう

◎ジェンダーという視点

ジェンダーの視点を共有することなくして，DV の問題にはかかわることはできないだろう。つまりここでいう「仲間」には，援助者も含まれる。

21 世紀の今日においても，大都市圏はまだしも，地方都市や農村地帯においては，いまだに女性の生き方に対する数々の制約が多い。家父長制の影響が DV 被害者の人たちの意識のなかにも色濃く見られる。

ある女性は結婚当初から姑(60 歳を過ぎた)が舅から目の前で殴られているのを目の前にして心底驚いた。その彼女に向かって姑は並んで食器を洗いながらこう言った。

「○子さん，いい？　結婚ってね，耐えることなのよ」

平然とこう言ってほほえんだ姑を見て「この人ヘンだ！」と彼女は内心考えた。それが 20 年前のことであり，80 歳を過ぎた現在でも姑は舅から殴られつづけている。

このような例は，おそらく無数に，日本の家族という密室においては今でもおこっているのだろう。その女性たちは「耐えること」に価値を見い出している。その価値なくして自分の生活を意味づけることはできないのだ。その価値が，苦痛に耐えつづけることを勲章とする男たちを擁護する価値観と手を結ぶ。そして我慢し，耐えること＝女の美徳というドミナントなストーリーと化し，DVから逃げようとする女性たちを指弾し，糾弾する側に回っていくのである。

◎1人では抵抗不可能だ

1人にしてはいけないということの理由はひとえに，目には見えないけれど日本において厳然と存在する世間の眼，常識といった言葉に含まれるドミナントな言説との対抗のためであった。女性を一定の方向に，一定の役割のもとに回収し，馴致していこうとするこれらの巨大な(だからドミナントというのだが)力に対しては，たった1人では抵抗不能である。

夫のもとから離れ，自分の安全のためにいったんは家庭を捨てるということが，いかにドナミントな物語からの逸脱であるかはいうまでもない。それはとうてい1人ではなし得ない。

まれに1人で逃げる人がいたとして，それはおそらくは生命危機の恐怖が最大の動因になっているのだろう。「死ぬかもしれない」から逃げられるのだ。しかしそんな暴力は氷山の一角である。多くは殺さない程度に殴られている。とすれば耐えることでやり過ごすこともギリギリ可能なのだ。

だから必要なのは，殴る夫の行為を「暴力」と呼び，あの日々を「DVの日々」と呼び，「耐えることは何の価値もない」と断言する人の存在である。それは援助者であり，DVという言葉で自分の体験を名付けた同じ被害者たちなのである。

◎「数の効果」は援助者を超える

援助はしたがってグループカウンセリングの形態が望ましい。自分が間違っていないことを保証してくれる人がそこにいて，自分もこのようになりたいとモデル視できる人がいて，かつての自分と同じ苦しみにあえぐ人がいる……このような人たちによって構成される集団が不可欠だ。

それは，全員がDVの被害者であるという共有される物語をもつ集団である。それはナラティヴ・コミュニティと呼ばれている(p. 102参照)。もっと明確にいえば，ドミナントに対抗する「カウンター・ナラティヴ・コミュニティ」と呼べるだろう。このコミュニティは最低3人いれば成立する。

ここで大切なのは，「多ければ多いほどいい」ということである。

一歩外に出ればその人を圧倒するような巨大なドミナントなストーリーに対抗するには，自分と同じストーリーを共有する人の数が多ければ多いほどいい。ドン・キホーテが1人で風車に立ち向かうのではなく，500人で立ち向かえば風車は壊れるだろう。

このように自分を承認し，自分の行動を正当と評価し，こんな自分にも明るい未来があることを信じさせてくれる人の数，これが彼女たちの行動を決定する。それはわれわれ援助者個人の能力などというものを超える力なのであり，「数の効果」にまさるものはない，とあえて言おう。

V 援助者側の問題
わたしたちは何に縛られているのか

転換❶

中立はない

◎「中立だと親の立場に立ってしまう」という衝撃

われわれ援助職の養成課程で教えられるものに「中立」がある。長いあいだ援助職において，この中立，ニュートラルという言葉は疑いもないことだった。しかしDVや虐待において中立とはいったいなんだろう。わたしは，家族関係においておこった問題に対して中立的立場をとろうとすれば，必ず「力の強い者」の立場に立ってしまうと考えている者である。

わたしがこのことを学ばされたのは，アダルトチルドレンと自称する人たちとのカウンセリングを通してである。その人たちの語ることを聴いていると，実に凄絶で，悲惨で，ときには信じられないような内容である。親はここまでやるのかと怒りがふつふつとわいてくるのを感じる。

ところが夕方近くになるとさすがに疲れてきて，「ちょっと距離をおいて聞こうか」「中立の立場に立って聞かなくては」「客観的立場で聞こう」と自分の立場を変える。と，その途端に不思議なことがおきる。まったく別の感情がわいてくるのだ。

「いい歳をしてもういいかげんに親を許したらどうか」

「親もかわいそうに，こんなに非難されて。親には親の言い分があるだろうに」

「ひょっとするとこれは，わたしから同情を引き出すための虚言か誇張なのではないか」と。

このことに気づいたとき，心から驚いたと同時に愕然とさせられた。この感慨は，しばしば精神分析的立場の治療者が漏らす言葉と近似していたからだ。つまりその人たちを対象化し，距離をとり，客観的に，中立にかかわろうと立場を変換したとたんに，言葉の聞こえ方，とらえ方までがまったく変わってしまったのだ。

その経験がわたしに教えたものは，次のことである。中立であること，客観的であることとは，目の前の人たち，つまり被害者の話を信頼しないでおくことなのであり，その感じ方はそっくりそのままその人たちの親と重なり，親の感じ方そのものになっていた，と。

なんということだろう。親から被害を受けてきた人たちの話を「客観的に」聞くということは，親の立場で聞くことにほかならないとは。これまで彼らがどこの援助機関に行っても自分の話を信じてもらえなかったのはこういうことだったのかと合点がいく思いだった。

こうしてわたしは，客観性，中立といった「正しい言葉」に対する疑念を抱くようになった。

◎援助者は「味方」になることこそが要求される

では，「支配関係にかかわるとき，中立的立場はありえない」とすれば，DV や虐待の援助はどのようにあるべきなのだろうか。従来の援助をどのように変えなければならないのだろうか。その命題を，具体的援助関係にどのように適用していけばいいのだろうか。

それは，「味方になること」。これが私たちにできる最大のことであろう。これを共感などという使い古された言葉と重ね合わせたくはない。目の前の人に「寄り添う」ことといささか重なるかもしれない。しかし決定的な相違点は，加害者に対し，共に怒り，憤慨し，糾弾し，ときには戦わなくてはならないということである。

『心的心傷と回復』(中井久夫訳，みすず書房，1996年)の著者ジュディス・ハーマンは，「同盟者」という言葉をつかっている。治療者でもなく，援助者でもなく，同盟者としてかかわるのだと述べている。「味方になる」とはこの「同盟者」という言葉がいちばん近い表現のように思われる。家族の中で暴力被害を受けている人にとって，「両方の言い分をよく聞いて中立的な判断を下す」といったかかわりは，このような文脈からすればなんの援助にもなっていないということである。

このように虐待をはじめとする家族の中の暴力は，援助者にとってまさに足元から大きく揺さぶられるような問題なのである。われわれが援助者として養成され教育を受ける過程で色濃く染みついてしまっている「中立」や「客観」といった言葉から脱出しなければならない。近代教育によっていまや骨肉と化している多くの言説を脱構築しなくては「家族の暴力」に有効な援助は望めず，それはそのままDV被害者，被虐待児が救出できないことにつながるのである。

◎では加害者にはどうする——虐待ケースで考える

中立では加害者の側に立ってしまうのであるならば，DV・虐待の援助者は当然のことであるが，被害者救出，被害者への援助という方向に傾く。生命危機といった状況を考えれば，それこそが援助の中核であることはまちがいない。しかし一方で，これもまた当然のことであるが，暴力をふるう側への援助も同時に考えられなければならない。ここでは虐待について，加害者へのアプローチを考えてみる。

さて，実は虐待する親をひとくくりにしてとらえることはできない。それは 3 つの層に分かれている。

a. 自分は子どもを愛せないと悩み，虐待をしてしまうのではないかと恐れている。また自分も親からの虐待を受けて育ったことに自覚的であり，世代間連鎖を恐れている。
b. 強迫神経症などの既往歴があり，育児に対して困難を感じているが，自分なりの方法に問題を感じていない。またアルコールや薬物依存の問題をかかえている。
c. 低所得層・低学歴であり，原家族も崩壊している。未成年時に同棲・妊娠・入籍・出産といった経過をたどり，親になることに対する覚悟がまったく欠如している。

一般的には a の層が虐待をしてしまうように考えられているが，実はこの人たちは自分の問題を自覚し，悩むことができているという点できわめて能力の高い人たちである。この人たちの育児に問題がないとはいえないが，決して子どもを殺したりはしない。

むしろ問題は b と c の層である。この人たちはみずからの育児行為が虐待であるという自覚はない。多くは自分は子どもの被害者であると考えたり，子どもを邪魔に思っている。「子どものせいでこんなに自分は苦しい」と感じているこの人たちに，援助者はどのように対応していけばいいのだろうか。

◎加害者に対しても味方になる！

今日の虐待問題の“ブーム”は，従来の親子観からの憤慨と，愛情豊かな親子関係を再び復活させようとする力が背後にある。だからこそこれだけの広がりを見せているのだろう。しかし虐待者，つまり母親を責めることは虐待を防ぐことになるのだろうか。そしてその母が再び虐待的行動をとらないようにする抑止力になるだろうか。

従来の家族観から脱しきれていない人ほど，虐待する母を責める。これは先述の「加害者と戦う」ことと一見同じことのように思えるかもしれない。しかしこの２つがまったく異なる前提に立っている。つまり，「あるべき家族像」からの逸脱ととらえるか，そもそも家族関係，親子関係は権力構造だととらえるかの違いである。後者に立てば，加害者か被害者かどちらの側に立つかが迫られ，防止の方法も見えてくるはずだ。

ではこの人たちへの援助はどうしたらいいのだろう。被害者の立場に立つことが必要であるとは何度も述べてきた。では加害者への援助において援助者はどのような地点に立つのだろう。

それは明らかに「加害者の立場に立ち，加害者の味方をすること」である。

たとえ子どもを殺してしまった人であったとしても，その人の味方になり，その人の立場に立つのである。子どもが死んでしまったにもかかわらずそのような立場に立たなければならないことに葛藤を覚えることもあるだろう。しかし専門職とはそのようなことを越えて目の前の人を援助する役割を担っている存在である。まさしく加害者の援助においてこそ援助者の虐待観が明確にあらわれるだろう。

◎責めても行動は変らない——アディクション援助の基本

ここで，虐待をアディクションとしてとらえるのが本書の基本的立場であることを再確認しよう。とすれば虐待者をどのようにとらえるか，どのように援助するのかにいちばん参考になるのが女性のアルコール依存症者である。

彼女たちは例外なく，酒を飲んで依存症になった自分を責めている。ところが責めることで，さらに飲酒をやめられなくなる。自責のエネルギーが飲酒をするエネルギーに転化していくからだ。そのとき，援助者が彼女を責めればどうなるだろうか。それは飲酒を加速化させる。

したがって援助者は決して彼女を責めてはいけない。アルコール依存症になったことを，ときには祝福したり，そのことでここまで生きてこられたのだと徹底的に依存症になったことを肯定しつづけるのだ。

依存症者だけでなく，どんな人であっても，「責めることでその人の行動が変わる」などというのは幻想にすぎない。行動が変わらないどころか，責めることで援助者と被援助者の信頼関係が壊されていく。責めることは，「世間の常識」と同じ立場に立っているのであり，たんなるお説教でしかない。非常識に対して常識を説くことが援助なのではない。決して加害者を責めない，この原則はアディクションの援助の根幹でもある。

◎「被害者性」の承認こそが加害者の自覚を促す

では加害者を責めなければいったいどうするのだろう。その人たちは現に自分の子どもを虐待し，ときには死に至らしめているというのだ。どのようにしたらみずからの加害性を自覚しそのことに責任を感じるようになるのだろうか。

わたしが臨床経験を通して学んだことは,「被害者性を十分に承認されることなくしては人は加害者としての自覚をもてない」ということである。つまり「あなたは本当に大変な人生を送ってきたんですね」と他者からそのつらさを何度も承認されなければ,その人は自分がいったいどのような加害行為をおこなったのかについていっさい自覚できないのであり,まして責任意識など芽生えようもないのである。

たとえば,先述のａの層にあたる母親たちがカウンセリングに訪れグループに参加する。当初の動機は当然子どもとのかかわりをどのようにしたらいいのかということなのだが,不思議なことにグループで語られるのは自分の母親の虐待的言動についてばかりなのだ。

つまり彼女たち自身がどれほど親との関係でつらい思いをしてきたのかということ,そのことを批判にさらされることなく語り,聞いてもらうことが第一の課題だったということがそこからわかる。繰り返し親からの被虐待経験が語られ,それが承認されることで一定程度満たされると,それからはじめて子どもとの関係について向き合うことができるようになるのだ。

まったく異なる状況であるが,示唆に富む話がある。第２次世界大戦時,満州で中国人を何人も虐殺した兵士たちは復員してしばらくはそのことをまったく思い出しもしなかったという。ところが終戦後の混乱が落ち着き,家族も得て平穏な生活に戻ったとたん,その経験を悪夢に見てうなされるようになったという。

このことと先述の女性たちとは同じではないだろうか。つまり,みずからの被害者性を他者によって十分に承認してもらうことによって,その復員兵たちも自分のおこなった虐殺についてはじめて加害者としての自覚をもったのではないだろうか。

ここから多くのことを学ぶことができる。たとえ子どもを殺してしまった親であったとしても，援助者はその人を決して責めることなく批判することなく，加害者にそれまでの人生を語ってもらうことがなにより必要なのである。

そのとき援助者は，被害者としてその人をとらえ，同じ立場に立って，語られたことを聞く必要がある。つまり加害者の「味方」になって聞くのである。「加害者における被害者性」を承認してくれる人として信頼されることによって，加害者の援助が可能になるのだ。そのような援助関係が成立することで，はじめてその人はみずからの子どもへの虐待行為について自覚し，責任を感じることができるようになるだろう。

転換❷

プライバシーは被害者を守らない

◎三つ子の魂

わたしは臨床心理士としてカウンセリングを職業としている。臨床心理士はいまだ国家資格になっていないのだが，このところ若い人たちにとっては憧れの資格らしい。その養成課程において身に付けるもののひとつが職業倫理である。そして職業倫理の最大のものが「守秘義務」といわれるものである。たとえば臨床心理士倫理規定要綱の第3条には次のように定められている。

> 臨床業務従事中に知りえた事項に関しては，専門家としての判断のもとに必要と認めた以外の内容を他に漏らしてはならない。また，事例や研究の公表に際して特定個人の資料を用いる場合には，来談者の秘密を保持する責任を持たなくてはならない。

これを学生時代に叩き込まれれば，クライエントに聞いた内容を決して他者に漏らそうとはしないだろう。トレーニングのこわさはここにある。養成課程においてある種の恐怖とともに，理由はともあれ叩き込まれたものは「三つ子の魂……」としてずっとその後も生きつづけるのだ。

◎あれはナチスの看守の顔

ある心理臨床系の学会で実際にわたしが経験したことを述べよう。外国から招聘した学者のワークショップに出席していた。計6時間の集中講義であったが，某参加者が録音していたことが主催者に発覚したのだ。そのとき主催者側の女性はこう言った。

「ここにテープで録音していた人がいます。そのテープをすぐに回収させていただきます。そしてそのテープを消したことを確認してからお返しします」

プライバシーの侵害になるのだという。そのときの彼女の表情をいまでもありありと思い出すことができる。無表情で高圧的なその態度と発言のしかたは，まるでナチスの女性看守のようだと思った。

わたしは主催者がどうしてそこまでする権利があるのかと思った。誰か抗議するのかと思ったが，当然のことのように黙っている。注意して以後録音をしないように頼むなら納得できるが，回収しおまけにテープの内容を抹消するとは一体どのような強権を主催者は有しているのか。おまけに少なくともその時点までで，わたしが聞いた限りでは録音されて差し支えのある内容はまったく話されていなかった。なにしろ英語なのだし。

そういうわたしは，そのときどうしたかというと，抗議しなかった。そのくせこのような文章を書いているのは卑怯かもしれない。言い訳がましいことを言えば，そのときのわたしの怒りが「プライバシーという言葉の絶対視」からきていることに無自覚だったのだ。でもあまりに不愉快だったので，高い料金を払って参加したにもかかわらず，途中で退席してしまった。

似たようなことはまだまだある。これも心理臨床系のワークショップでの出来事だ。児童虐待に関するその講演は非常に人気が高かった。しかし事前申し込み以外にも空席があったため，知り合いの新聞記者がそこに参加した。もちろん参加費を払ってのことである。

ところが参加者名簿を見たこれも主催者の女性が，突然彼女のそばにやってきて退場を命じたのだ。理由は「プライバシー保護のためにマスコミはお断りしている」という一点張りだった。彼女は取材ではなく個人的な関心と学習のためだと強調したのに，けっきょく追い出されてしまった。

このときはさすがにわたしも抗議したのだが，規則は規則とゆずらない。このときも，講師の話の内容の，いったいどこがプライバシー保護を必要とするものなのかがまったくわからなかった。

◎イデオロギーとしてのプライバシー

この２つの経験は実に不愉快なものであり，今でも怒りとともに思い出される。しかしこのような経験があったからこそ，プライバシーに関するわたしなりの考察ができるようになったと思えば貴重な経験だったのかもしれない。

同業者を批判するのはいささか心苦しいが，この２人の女性に共通するものは何だろう。ナチスと形容したように，わたしはそこに全体主義的なものを感じた。全体主義とはひとつのイデオロギーに覆われることである。イデオロギーとは，東浩紀氏が述べているように（「ポストモダニズムはなぜ行き詰まったか」『論座』2001年１月号），同語反復をその基本とする。

人はなぜコカコーラを飲むのか，それは「Coke is it＝コカコーラがコカコーラだから」だ。そして，彼女たちがそのように強権をふるってまでプライバシーを遵守するのは，「プライバシーはプライバシーだから」なのである。そこに「なぜ」という問いの入る余地はない。

これはオーバーに言えば「プライバシーのイデオロギー化」だろう。イデオロギー化したプライバシーには，それがいったい何のために必要なのか，誰のために守られるべきなのかが捨てられてしまっている。

◎「公」から奪い取ったものとしての「私」

そもそもプライバシーの原点はギリシャ時代に求められる。その時代，プライバシーとは公の領域＝公共圏に入ることを禁じられることをあらわしていた。つまりポリス的権利が剥奪され，「欠如している状態」がプライバシーなのであり，たとえば奴隷の階層は当然「プライバシーに甘ん」じざるを得なかったのだ。この言葉の意味が大きく転換するのは近代になってからである。

18 世紀，フランス革命を契機としてヨーロッパでは個人尊重，個人の権利が大きく謳われるようになった。ここでプライバシーという言葉は「公から私への侵入を防ぐ」という意味に反転していった。

privacy は英語の deprive（奪う），フランス語の priver（防ぐ）を語源とする。つまり，公から私を奪い取り，その私への公の侵入を防ぐという積極的意味合いをもつ言葉として成立したのである。

パリで買い物をすると，いたるところに privé という言葉が散見される。「ここから先はわれわれ従業員の領域なのですからお客様は入らないでください」ということなのだ。priver の形容詞形が privé であり，私的な，私の，私有の，という意味である。公的なもの，国家権力から奪い取った「私」，つまり近代的個人という概念がプライバシーという言葉の根底にあるといえよう。

◎被害者を救おうと思ったら

ここでわたしの臨床経験について述べよう。

仕事上，プライバシーを大きな問題として意識するようになったのはつい最近のことである。

わたしたちアディクションにかかわる専門家にとって，家族に対して積極的に介入していくことは当たり前のことだった。酒を飲みつづけて死にそうな人がいれば，妻に対して「本人の口からとにかく入院したいと言わせて，そのうえで119番に電話しなさい」と指示をする。またアルコール依存症の家族においては，暴力は実に日常的な問題であった。

酒に酔って妻を殴る夫，薬物を乱用しながら親を殴る息子，酔って妻をレイプまがいのセックスによって妊娠させる夫……あげていけば切りがない。またわれわれのセンターを訪れる女性たちの多くがかつてアルコール依存症の父から性的虐待を受けている。しかしながらそれらに対してDVや虐待といった名前はまだ付けられてはいなかった。そこにあったのはただただ困り果てている家族の存在と，それでも酒をやめようとしない依存症者だけであった。そして当然のことながら，目くじらを立ててプライバシーなどという人は誰もいなかった。

つまりアルコール依存症の夫に殴られている妻を逃がしたりすることは，別に「プライバシーの問題」ではなく，たんなる「被害者の救出」にすぎなかったのだ。

当時の警察はまったくそれに対して関与しようとはしなかった。夫婦げんかは犬も食わないとばかり「民事不介入」の大原則があったため，はなから警察への期待もなかったのだが。つまりごく一部のアルコール依存症の関係者のみが，四苦八苦して限りある資源を最大限利用して，暴力に対して介入していただけだったのだ。

◎名付けられ認知された暴力

当時，家族の中の暴力は，思春期の対親暴力だけが「家庭内暴力」という名前を与えられていたにすぎなかった。われわれの見聞きしていた，アルコール依存症の家族における酔った男によるさまざまな暴力はいわば「無名の暴力」であった。ということは暴力として位置づけられてはいなかったということでもある。

ところが，これらの暴力に対して最近は名前が与えられるようになった。「DV」「虐待」という言葉である。その言葉が市民権を得て広がることによって，さらに新たな現実の蓋が開けられていく。こうしていまやDVや虐待は，もはや知らない人がいないほどの既成の言語となったのだ。

マスコミを騒がす悲惨な幼児の虐待死はどうしてもっと早く気づかなかったのかと人びとのヒューマニズムを喚起する。さらにその動きが専門家にも影響を与え，いまや虐待に手をつけない専門家は時代遅れであるとばかりに，猫も杓子もといった趣がある。

しかしこれは，たんなる流行で終わるのだろうか。

わたしはこれは，従来の援助職・専門家の基本的立場を揺るがす問題だと考えている。つまり「自分たちの職場という城のなかで援助をしますよ」と待っていても何もできないということ，そして暴力には加害者と被害者の双方があり，援助者は被害者の立場にたつことで専門家としての資格が保証されること，それはそのまま加害者と対決することの義務を負うということ，である。

さらに追加するならば「専門家は中立の立場を降りなければならない。なぜなら中立とはかならず加害者の立場に転化していくからである」ということなのである（なお加害者の立場にどう立つかはp.160以降参照）。

治療パラダイムから，被害者救済のパラダイムへの転換である。さらに病気を治療するという疾病モデルから，積極的に問題にかかわっていく介入モデルへの転換でもある。

◎従来の援助方法をとるか，パラダイムを転換するか

このように多くの転換が求められているのにもかかわらず，いまだに現場では従来の姿勢のままでDVや虐待にかかわれると考えられている。それはひとえに洞察力の貧困と，経験のなさに帰する。そしてすぐさまアメリカの文献に頼ってその引用で事足れりとする，アメリカ依存という安易な姿勢によるものだろう。

このことがプライバシーの問題に集約してあらわれているのではないだろうか。つまりプライバシーを守ることに汲々としているかどうかが，「従来の援助方法をとるか，パラダイム転換をするか」の踏絵になるとわたしは言いたい。

個人の生活に公的な力，外部の人間が介入していくのだ。児童相談所が虐待されている子どもを一時保護するのかどうか，夫の暴力を妻から訴えられたとき警察官は私生活に踏み込むのかどうか。これは理論的な問題なのではなく，現在リアルタイムでおきている問題なのだ。

依存症，アディクションの場合われわれが暗黙のうちに共有していた大前提は，一専門家，一専門機関だけでは決して対応できないという認識であった。それはアディクションをかかえた人たちが活動的であり，家族全員や近隣をまきこんで問題をおこすからである。必ず複数の専門家，機関が連絡をとって協力し，役割分担する。だから「業界」という言葉がまかり通るくらいにアディクションにかかわる人たちは仲がいい。みんなが顔見知りでひとつのケースについてさまざまな機会に相談

しあうことが当たり前である。

そんな常識が，昨今暴力の問題がメジャー化することで，逆に危険視されることとなった。つまり，こんな質問が投げかけられるようになったのだ。

「そんなことしてクライエントのプライバシーはどうなるのですか」

「守秘義務はどうなるのですか」

虐待問題で心理臨床の人びとを対象に講演をすると必ず投げかけられる質問が，「守秘義務はどうなるのですか」というものである。わたしはもう開き直って「プライバシーなんてまったく考えません」と堂々と答えることにしている。会場はまるで，突然メジャーデビューした草野球のピッチャーを見ているような雰囲気である。

情報の共有がなければ当然協力はできない。役割分担もできない。それは当たり前のことだ。それがプライバシーを侵し，守秘義務に反するとまず最初に考えられてしまう。これはいったいどういうことだろう。

わたしは「そんなプライバシーなぞ無視してしまえ！」と心の中で叫ぶ。しかし論理には論理を，である。それに対する論拠を示さなければならない。その憤りが本書執筆の原動力なのでもあるが。

◎閉ざされた家は「支配」の温床になる

2000 年 2 月の，新潟の少女監禁事件を振り返ってみよう。写真によればそれほど大きくもない家だが，まさにプライバシーという名で閉じられた空間でおきた悲惨な事件である。

家族とは成員それぞれが幸福になるための「幸福共同体」であると考えれば，そこに外部のものが土足で踏み込むことは阻止されてしかるべきであろう。しかし本書で何度も述べているように，わたし自身が日常のカウンセリングで実感として感じてきたことは，家族とは「権力構造」であるということであった。もっとわかりやすくいえば「支配－被支配の場」であった。

その権力構造は夫から妻へ，親から子どもへという支配－被支配の関係の複合体として成り立っている。しかもその支配はややこしいことに，私物化という心性を基盤とした「愛情」として表現されている。

そのような関係の場が外部から閉ざされれば，その権力はいっさいの検証なしに露骨に純化してあらわれるだろう。児童虐待は，閉ざされた核家族の親(父，母)から子どもの私物化であり所有である。妻は自分のものだと思うからこそDVはおこなわれる。そして暴力をふるっている男は私物化を「愛」と同一視しているがために，「こんなに妻を愛しているのに」と嘆いたりする。妻だけは(家族だけは)外の社会とは異なり自分の思うがままになるはずだという，きわめて偏った自分中心の思い込みも，家族がプライバシーという名で閉ざされているからこそ可能になる暴挙である。

プライバシーという名で閉ざされた場が安全な場であったかどうか。公権力から奪い取ってつくりあげた私的領域＝家族が，安全であったかどうか。その検証はより弱い立場の人たち，女や子どもによってはじめて可能である。

いまやっと妻や子どもから，その暴力に満ちた家族の実態が明らかにされるようになってきたのだ。「公権力から奪い取った」はずのその場が，DVや虐待のはびこる，安全どころか命すらも奪われかねない場であるとすればどうだろう。そこに暴力がはびこっているとすれば，その場のプライバシーとは，その場における誰を守っているのだろうか。

◎暴力への介入とプライバシー保護は矛盾しない

ここでよく考えてみよう。近代的個人，「私」こそがプライバシーという名のもとで守られなければならないとしたら，殴られている人はまさに「私」を侵害されているのではないだろうか。とすれば，暴力こそが最大のプライバシーの侵害なのだ。暴力というプライバシーの侵害を防ぐための介入は，実はプライバシーの保護と何の矛盾もきたさない。

家族の中の暴力に対して「中立はない」と先に述べた。加害者と被害者が存在する状況に対して，プライバシーという言葉でそれを閉ざしてしまうことは，明らかに加害者保護に与することである。つまり家族の中の暴力に対して中立がないように，プライバシーという言葉も意味をもたないのである。

このように考えてくると，先の「プライバシーなんてまったく考えてません」という，いささか挑発的なわたしの発言には補足が必要だろう。つまり，家族のプライバシーと，個人のプライバシーとは必ずしも調和しないのだ。極論するなら，家族のプライバシーはその家の家長，権力者を保護するだけなのであり，その他の成員にとってはむしろ支配を激化させる危険な言葉である。

虐待・暴力が発生しているということそのものが，すでに家族の中の被害者のプライバシーが根底から侵害されているのだと認識しなくてはならない。つまり個人の安全が侵害されているとき，その人を救済するためには他のどのようなプライバシーよりもそのプライバシーこそが最優先されるべきなのである。

◎プライバシーという言葉で何を何から守るのか

このようにプライバシーとは，絶えず力関係の緊張とともにある言葉である。無前提なお題目としてのプライバシーはありえない。「誰のプライバシーを何から守るのか」を絶えず具体的に考えなくてはならない。

イデオロギー化したプライバシーにしがみつくことは，たんなる専門家としての免責性へのしがみつきだ。

「わたしはクライエントのプライバシーを守って仕事をしています。わたしのやっていることは正しい。だから何か問題がおきてもわたしの責任ではありません」

こんなことを言いたいがためにプライバシーという言葉を連呼しているにすぎない。それは援助対象者のためでなく，たんなる専門家の自己保身の道具に堕している。

プライバシーとは，繰り返すが，近代的個人が公権力から奪い勝ち取ってきた「私」というものと不可分なのである。そのような力関係が絶えず前提にされているからこそ，「その言葉によって何から何を守るのか」を常に自覚していなくてはならないだろう。暴力は最たるプライバシーの侵害である。暴力からその人を守るために複数の機関が情報を開示して連携することは，被害者の最たるプライバシー保護である。

われわれは，イデオロギーとして「プライバシーだからプライバシーを守る」といった強迫的な言葉としてこれを使ってはいないかどうか，再度点検する必要があるだろう。

転換❸

家族は支配と暴力に満ちている

◎家族は治療者の「免責装置」か

われわれ援助者はしばしば，最終的責任を家族の愛に帰することで，自分の非力さを糊塗してきてはいなかっただろうか。

熱が下がらない子どもに対して「おかあさん，しっかりしてくださいね」と母親のせいにする。こういう手口で，治療者がしばしば責任逃れをするのは実に日常的である。また，「お母さんの育て方の問題ですね」などと母親を責めてよしとする精神科医やカウンセラーもけっこう多い。もちろん親の責任はあるが，そのように「親のせいにしている専門家」こそがまずもって問題ではないだろうか。

たとえば摂食障害の女性が治療に通っているとき，治療者がその母親とも会ったりする。これは実に危険なことである。つまり当の女性にしてみれば，治療者がどちらの「味方」なのかがわからなくなるからである。一方母親にしてみれば，自分も治療側の一員として娘を監督できるというメリットがあるのだ。

しかしもっと大きなメリットは治療者側にこそある。みずからの非力を，「母親の協力が足りないこと」に帰することができるからだ。こうして治療者は，最終的責任を免れるのである。

◎ヒューマニズム系虐待観とアディクション系虐待観

「親の責任を果たしてください」と責める言葉は，親子関係が基本的には「愛情関係」から成り立っているという前提から出てくるのである。

とくに虐待問題にかかわる人の陥りがちな問題として，「どうしてこのようなかわいい子どもをあなたは愛せないのか」と，母性愛の欠如を責める態度がある。マスコミの論調のほとんどがこのたぐいだから，めずらしくもないのだが。

しかしこのような「親子は愛情でむすばれる」という家族観，親子観にもとづいた憤りは，はたして虐待問題の援助として有効なのだろうか。今日の“虐待ブーム”は，そのような親子観をもつ立場からの「憤慨」が根本にある。それを「ヒューマニズム系・母性愛強調型虐待観」と呼ぼう。

しかし実は，家族の中の暴力は1回で終わることはない。家族の中でおこっていることは日常的におこっていることだ。残酷な暴力も日常化している。つまり繰り返される暴力なのであり，習慣化しているのだ。

本書ではこのような暴力を，嗜癖，アディクションととらえている。それを「アディクション系虐待観」と呼ぶことにしよう。

◎依存症家族こそが近代家族の典型ではないか

われわれが嗜癖問題をとおしてたどり着いた家族観は，「家族とは暴力に満ちている」というものであった。アルコール，薬物依存症の家族は暴力に満ちていた。驚くほどの暴力と虐待が，一見問題のない家族においても日常化していた。

それは依存症特有の現象かと思っていたときもあった。しかしカウンセリングをとおして接する一般の家族においても，アルコール問題がなくても，薬物を使用していなくても，まったく同様の構造がそこにはみられた。

ひょっとしてこれは依存症に特有なのではなく，「依存症の家族こそが近代家族の典型なのではないだろうか」と考えるようになった。つまりわれわれの考えていた家族像そのものが，あまりに美化されたステレオタイプだっただけなのではないだろうかと。

わたしたちが当たり前と思っている家族は，実は歴史が浅い。たかだかヨーロッパで200年の歴史しかない「家族」，そして戦後アメリカにおいてつくりあげられた「核家族幻想」，このいずれもが，愛し合う男女，その愛の結晶としての子どもという，わたしたちが当たり前に思っている家族像の形成に大きくかかわっていたのだった。

「愛情に満ちた家族」「家族とは愛情でつながっている」「血を分けた親子」という常識が太古から普遍のものなどではなく歴史的につくられてきたものだというところからスタートしなければ，援助者は容易にマザーブレーミングの罠にかかってしまうだろう。

◎マザーブレーミングという，もうひとつの暴力

異常な家族だから異常な虐待がおきる，家族の機能が衰退してきたから虐待がおきる，若い女性が母親になりきれていないから虐待がおきる……これらはいずれも従来の家族観からの推論である。

これらに対して本書では，そもそも家族とは支配と暴力に満ちた場であったという視点から出発したい。だから虐待が当たり前だなどと主張したいのではない。「ごくふつうと思われている家族」と「虐待のおきる家族」とは地続きなのだ，ということを言いたいのだ。異常で失格の

母親だから虐待がおきるのではなく，家族の仕組み，男性（父親）の支配性，性別役割分業などの構造が，背景に共通に存在するということを考えなくてはならない。

日本は母親処罰的だといわれる。マザーブレーミングだと。虐待に関してここで述べたような視点をもたなければ，必ず母親が悪いという結論に落ち着くだろう。そしてそれは誰をかばっているのだろうか。

家族の中の暴力など，異常でもなんでもないのだ。そう思うことによってはじめて，われわれの日常と地続きの問題として家族の中の暴力をとらえることができるだろう。おかわいそうな，異常な家族の出来事としてDVや虐待をとらえることは一種の差別観にもとづいている。それ自身がその当事者に対しての支配的かかわりであり，極論すればそれは当事者に対する暴力や虐待と同じことだ。

世間的常識に批判力さえもてない，差別感に塗り込まれた援助者を，いったい誰が信頼するというのだろうか。

あとがき

読者のかたがたは，表紙の絵を見た瞬間なにを感じられただろうか。同じ医学書院からわたしが1999年に出版した『アディクションアプローチ』につづき，今回も表紙はエゴン・シーレの作品で飾った。

この作品の由来を述べておこう。1918年に描かれたこの絵はシーレの最後の重要な作品である。もともとは「うずくまる一組の男女」と題されており，子どもはそこに描かれてはいなかった。男はシーレ本人であるが，どうも女性像は妻ではないらしい。妻の妊娠を知ったシーレが急遽(きょ)子ども像をそこに書き加えたものと考えられている。その年はシーレの亡くなった年でもある。

わたしはエゴン・シーレの絵が好きだ。多くの彼の絵には，まるで摂食障害者のような体軀の人物ばかりが描かれている。挑むような視線，形骸だけの肉体，そして装飾をそぎ落としたかのような表情の人物像は，まるで彼が21世紀の未来をすでに予見していたかのような錯覚におちいらせる。

その系譜のなかで，この作品は例外的といえよう。シーレにしては穏やかで明るく，見方によってはコミカルとすら感じられる。これを表紙とすることに，わたしはいったんは迷った。なぜなら本書の題名とあまりにフィットしすぎるのではないかと思ったからだ。また逆に，他のシーレの愛好者からは，暴力をあつかった本の表紙に作品をもちいることに反感が起きるのではないかという危惧もあった。

しかしこの絵の成り立ちを読んだとき，迷わず表紙の絵としてこれを選ぶことにした。

この絵に描かれた子どもは実際には存在しなかった。というのは不正確だろう。シーレの妻がこの子どもを身ごもったのは事実だからだ。しかし彼女は妊娠6か月で死亡してしまった。死因は，当時ウィーンに大流行したスペイン風邪（インフルエンザ）に感染したからだ。妻と，生まれるはずだった子どもを失ったことを悲しむいとまもなく，その3日後にシーレも妻の跡を追うように同じインフルエンザで死亡した。シーレ，妻，そしてこの世に誕生することのなかった子どもの死後，この絵はあらためて「家族」と名づけられることになったのだ。

シーレ自身の私生活は奔放なものだったらしい。複数の女性と暮らし，実母を憎んだという。この絵も，シーレ，妻以外の女性，そして妻から生まれてくるはずの描き足された子どもで構成されている。およそ家族からほど遠い3人ではないか。みずからの死後この絵のメインタイトルが「家族」と名付けられたことを，もしシーレが知ったらどう思っただろうか。

しかし，シーレと妻のあまりに唐突な死を知ったときに，わたしはあらためてこの絵に見入ってしまった。上に述べたような背景がありながらも，それでもやはりこの絵は希望に満ちているように見える。たとえばこの描き加えられた子どもの表情を見てみよう。『アディクションアプローチ』の表紙にある凍りついたような瞳の子どもの顔と，この絵のいかにも子どもらしい顔とはあまりに対照的ではないか。

親になること，そして家族をつくって生きていくことへの希望，そのようなものがシーレにあったのではないかとわたしは思う。もしも病いに倒れることがなかったら，この絵のような家族をシーレは形成していたのかもしれない。結果としてこの絵は，シーレの「未完の家族」が描かれたことになった。

あらゆる家族は，ほのかな希望の気配をふりまきながらも，いつもそれは幻に終わる。そんな苦い思いを，わたしはこの絵を見ながら噛みしめる。

◉

本書の執筆にとりかかってから書き終えるまでに1年半が過ぎた。いや，もっとかかっているかもしれない。

事のはじまりは，わたしの講演を聞きにきていた医学書院の編集者・石川誠子さんが休憩時間に傍にやってきて，「信田さん，今日の話の内容を本にしません？」と突然耳元でささやいたことだった。その時どのように答えたのかは忘れてしまったのだが，おそらくそれが本書誕生のきっかけであったことは間違いない。

当時のわたしは『アディクションアプローチ』を出版した後で，それを多くの人に読んでもらうことに懸命だった。講演会のたびにサインをしまくったものだ。全力を傾けて書いたという実感もあり，しばらくは「ほっと一息，のーんびりしよう！」などと考えていたのだった。そんなわたしが再び本書の執筆にとりかかってしまったのはなぜだったのだろうか。

担当編集者である白石正明さんとの対話，そしてメールのやりとりがしだいに執筆動機を高めていったということもあろう。しかし，わたしをいちばんその気にさせたのは，書店に日増しに増えつづける「虐待本」「DV本」の数々であった。

といっても決してその数に反応したわけではない。その内容に対してである。多くは先進国といわれるアメリカの虐待政策，方法論に範を求めた内容だった。それは無批判なまでに，かの国の実践を信じきっているように思えた。

しかし，何かが足りないと思えた。プラグマティックに割り切れない何か，そこにこだわりたいと思った。そして臨床心理士のわたしが言うのも自己矛盾めいているのだが，「心理還元的」でない視点こそが，暴力については必要ではないかと思った。

こうしてわたしは，輸入ものでない，わが国の現状に根ざした自前のDV・虐待本を，といういささか誇大的とも思える目標をかかげて本書を書きはじめたのだ。

それから1年半，カウンセリングをとおして，対話をしながら，本を読んで，考え，発見し，そして書き，ここまでに至った。

振り返ってみればこのうえないエネルギーを要する作業であったが，同時に楽しい時間でもあった。自分の考えを構築し，新たな発見を言語化していく作業はなんともいえない満足感があった。まるで新雪の上に足跡を残していくような快感であった。もっとも，不勉強なわたしにとって，先行研究や参考文献を探すことが単に面倒だっただけかもしれないのだが。

◉

ではどのようにわたしの視点が広がり，新たな発見が積み重ねられたのか。それを時の過ぎていった順に，時系列にしたがって述べてみよう。

当初から暴力に対するわたしの基本的立場は，「中立はなく，客観もなく，ただただあるのは目の前の被害者の立場に立つことだけである」

というものであった。それは言うは易しだが，従来の援助論の基本をくつがえし，専門家の権威を引きずり下ろすものである。

それどころではない。中立から降りるということは，その人を迫害し加害する人に対して「ともに戦う」ということをも意味するのだ。

あるとき突然こう思った。「そうだ，味方になることだ！」と。それはアダルトチルドレン（AC）のグループカウンセリングの最中だったと記憶している。その途端，わたしのなかにむくむくと力が湧いてくるのを覚えた。ひょっとして闘争心が刺激されたのかもしれない。

「味方になることこそ最大の援助」——これはアダルトチルドレンという言葉からわたしがもらった最大のプレゼントかもしれないと思う。

AC の人たちは，たえず親を救えなかったことに過剰な責任を感じながら育った。言い換えれば親に対する加害者意識ともいえよう。小さな存在がそのように親を背負って育つことの過酷さを知ったのは，彼女（彼）たちが成人してから，みずからの言葉でわたしや AC の仲間の前でそれを言語化しえたからだ。彼女たちは，親との関係がいかに虐待的だったかを，そのように証言する勇気をもった稀有な人たちなのである。

AC のグループカウンセリングで語られる言葉を聞くたびに，「味方になる」ことの意味と，それこそが援助者として必要であるということをわたしは確認している。本書の底流にあるのはそのような立場である。

本書のもうひとつのキーワードは「当事者性」である。実は書きはじめのころ，わたしはこれを自分の言葉としてつかってはいなかった。その言葉を獲得していなかったからだ。ただ謎めいた感覚——「どうして殴られている人がみずからを被害者と認知しないのか」という疑問があっただけだ。

ここ数年，講演を依頼されて各地に行くことが増えたのだが，行く先々で多くの援助者から投げかけられる疑問はまさにこのことだった。

ある保健婦はこう言った。「どうして逃げないんでしょう。わたしが何度も『それをDVと言うんですよ』と説明しても，多くの女性はけろっとして夫のもとで暮らしつづけるんです」と。

どう表現していいのか，わたしは考えあぐねていた。そのことこそがDVのいちばん大きな問題ではないかと思うのに，適切な言葉が見つからないもどかしさがあった。

そこに「当事者性」という言葉が与えられたとき，まさに目からうろこが落ちたのだ。「当事者性をいかに構築するのか」ということ，このように課題が設定できたことではじめて謎が解けそうな気がしたのだ。

この視点で家族内の暴力をとらえたとき，「DVと虐待においてはごく一部の人たちを除いて，加害者・被害者の当事者性をもっている人はいないのではないだろうか。とすれば，この点に触れることなく暴力への援助はできない」と思った。こうして本書の新たな中心的テーマとして「当事者性の構築」が浮上した。

通読されてお気づきのように，わたしの書くものは時としてどんどん抽象論に傾いてしまう。それを防ぐために本書ではかなり具体的方法論にも踏み込んで記述するように努めた。そのとき参考になったのは，およそ畑違いと思われるような政治学や社会学の本であった（例外的に臨床心理系の本で役立ったのが，ナラティヴセラピーのマイケル・ホワイトの著書『人生の再著述』（小森康永他訳，IFF出版部ヘルスワーク協会，2000年）である）。

はたして外傷的体験とは「癒し」によって解決するものかというのがわたしの疑問であり，本書でも被害者のケアに関する部分ではそのような方法論を極力排している。北米大陸，とくにアメリカに源を発する「こころの傷」を癒すことを柱とする俗流トラウマ論に傾かないようにするにはどうすればいいのか。

この問いへのヒントは実は社会科学にこそあった。もともと社会科学とは社会というマクロな領域を対象としているのだが，その対極にあるミクロな私的領域である家族における暴力も権力・支配によって起こるとすれば，双方が構造的には相似であると考えられないだろうか。国家間の紛争・暴力と，「家族の暴力」が同列に論じられるということの発見はわたしを興奮させた。

では暴力によって人は傷つかないのか，そのケアはどうするのか。苦痛に満ちた体験を乗り越えるには，「こころ」をケアするのではない。本書ではこころなどという言葉をもちいなかった。癒しではなく，自分と同じ苦しみをかかえた人がどれだけたくさんいるかという「数」こそが大切なのではないか。それを本書では「数の効果」と呼んだ。

また，「分離」「避難」，つまり加害者から距離をとることは，その時間の長さに比例して効果を増してくる。もちろん時間をどのように過ごすかというプロセスも大切であるが，とにかく長いほうがいい。それを「時間の効果」と呼んだ。

数の効果，時間の効果，これらは数量化が可能なため，なにか新規のテクニックと誤解されやすいだろう。そうではなく，これは従来の援助論に対する挑戦でもある。

援助とは，個人を，できるだけ効率よく，早く苦痛を取り除くことをもってよしとされてきたのだ。それに対して，ひとりではなく大勢(＝数頼み)で，急がずできるだけ長くゆっくり(＝時間薬)こそが効果があるとは，これまでの援助論を無意味化してしまわないだろうか。この発見の基本にあったのは，アディクションアプローチにもとづくわたしの臨床経験であったことはいうまでもない。

執筆も終盤に差しかかったころ，最上敏樹著『人道的介入』(岩波新書，2001年)を読んだ。わたしを悩ませていた「介入」の正当性の根拠づけ，および方法論の多様化に，これが大きなヒントを与えてくれた。つまり，とにかく加害者から離れればいい，というまるでお題目のようなステレオタイプな方法論の根拠とは何か，それ以外に方法はないのか，というわたし自身の疑問に，この本が解決の糸口を与えてくれたのだ。

最終的根拠は，なんと「暴力反対」と「人権を守る」ことにあった。その2つはともに，遠い昔に政治運動で叫ばれた言葉だ。しかしその地点に戻ってしまったわけではない。プライバシーという壁に阻まれた家族の中でこの言葉を主張しなければならないのだ。そのような時代にわれわれは生きている。

「数の効果」「時間の効果」などという言葉は，これまでの援助の世界では決してもちいられなかっただろう。そして「人道的介入」も国際政治の言葉である。これらはまったく心理学や精神医学から遊離しており，むしろ政治(ポリティクス)の用語である。

家族内の暴力に，このような言葉をつかわざるを得ないということに注目したい。暴力の問題を「こころの傷」に還元し医療化していくことは，いかにも被害者を救済するかにみえて，実は調停して加害者の責任を不問に付すことにもつながりかねない。

本書では暴力を，加害者のこころ，被害者のこころという視点でとらえるのではなく，「加害・被害関係」としてとらえることを前提としている。「家族の暴力」とは，家族の中に加害者と被害者とが同居しているということだ。家族とは愛情共同体なのではなく，権力構造なのである。パワーゲームなどというやわな表現ではもう不十分だろう。実はこのことをいち早く主張してきたのがフェミニズムだったということに，いまさらながら気づかされる思いだ。

今後は家族内の暴力をきっかけとして，学際的，領域横断的な動きが出現するだろう。いや出現しなければならないだろう。現にネットワークは医師，弁護士をはじめとした専門領域横断的な集団形成によって成り立っているではないか。そうなってはじめて学問の世界でも，縦割り的構造が見直される可能性がようやく出てくるのではないだろうか。「困っている人たちをどう援助するか」という直接性においては，臨床心理学も，精神医学も，看護学も，政治学も，社会学も，等値であるのかもしれない。

◉

本書は「とりあえずここまで」の内容である。今後もここからさらに歩きつづけたいと思っている。読み終えられた方にはすでにおわかりのように，多くの課題が山積したまま触れられずにある。

ひとつは「加害・被害の重層性」ということである。加害者と簡単に呼んでしまうことに，正直いまでもためらいがある。決定的な言葉はその地点で固定され，とどまってしまうという危険性をはらんでいるからだ。

家族内の暴力は，DV と虐待というように画然と分けられるはずがない。多くは同時多発的である。殴られて逃げない母は子どもにとって加害者である。しかし夫に対しては被害者である。この重層性を意識しなければ，声高な被害者論は単なるプロパガンダに終わるだろう。絶対的正義をうたうことの危うさをそこに感じ取ってしまうのだ。

今後は加害・被害の重層性，さらには被害者が加害者を救いたがるという「救済者願望」の発生についても臨床経験にもとづいた考察を進めたいと思っている。

もうひとつは加害者，つまりは殴る夫，虐待する親についてである。

とくにDVの殴る男性については意図的に記述を避けた。その理由は正直そこまでの余裕がなかったからだが，本書を執筆しながらうすぼんやりとした輪郭が見えてきた気がしている。それはすでに言われている「世代連鎖」といった単純化された理論ではない。また「怒りの表現の未熟さ」などというものとも異なる。今後また機会が与えられたら，そのことについても述べていきたいと思っている。

最後になったが，本書が，援助の現場で迷い，疲れている多くの人たちにとって少しでも方向性が示せれば，そして勇気が与えられれば，こんな幸せなことはない。

本書の執筆にあたって多くの人に助けられた。なかでも上野千鶴子さん（東大大学院教授）には，「当事者性」という言葉を獲得するきっかけをつくっていただいた。言葉が与えられることで現実のとらえ方が大きく変わるということを実感している。

また，医学書院の白石正明さんには1年半ものあいだを気長に伴走していただいた。まるでマラソンランナーとコーチのようだといったら言い過ぎだろうか。

心からお礼を述べたい。

ありがとうございました。

シリーズ ケアをひらく

カウンセラーは何を見ているか

原宿カウンセリングセンター所長
信田さよ子 著

「強制」と「自己選択」を両立させる。——それがプロ。

「聞く力」はもちろん大切。しかしプロなら、あたかも素人のように好奇心を全開にして、相手を「見る」ことが必要だ。

では著者は何をどう見ているのか？

「生け簀で自由に泳がせて生け簀ごと望ましい方向に移動させる」とはどういうことか？

若き日の精神科病院体験を経て、開業カウンセラーの第一人者になった著者が、身体でつかみ取った「見て」「聞いて」「引き受けて」「踏み込む」ノウハウを一挙公開！

目次

●A5 頁272 2014年
定価：本体2,000円＋税 [ISBN978-4-260-02012-1]

医学書院
〒113-8719 東京都文京区本郷1-28-23
[販売部]TEL：03-3817-5657 FAX：03-3815-7804
E-mail：sd@igaku-shoin.co.jp http://www.igaku-shoin.co.jp 振替：00170-9-96693

携帯サイトはこちら